W0087770

ZAUBER FRISCH

· Profitipps für Ihren Haushalt ·

MÖBEL
UND GEGENSTÄNDE
PFLEGEN

Holz, Glas, Metalle, Leder,
Stoffe, Fliesen

Sylvie Fabre

INHALT

Einführung ———————— 4

① DER IDEALE SCHRANK 7

Allesreiniger ———————— 8
Entkalker ———————— 9
Scheuermittel ———————— 11
Bleichmittel ———————— 12
Fleckentferner ———————— 13

② JEDEM MATERIAL SEIN SCHÖNHEITSREZEPT 17

Holz ———————— 18
Glas und Kristall ———————— 21
Metalle ———————— 23
Bronze ———————— 24
Zinn ———————— 25
Gusseisen ———————— 26
Edelstahl ———————— 26
Wertvolle Metalle ———————— 27
Plexiglas und Kunststoff ———————— 29
Marmor ———————— 30

③ SCHÖNHEITSPFLEGE RAUM FÜR RAUM 33

Küche ———————— 34
Wohn- und Esszimmer ———————— 39
Schlafzimmer ———————— 43
Badezimmer ———————— 45
Böden ———————— 49
Wände ———————— 52
Gartenmöbel ———————— 54

④ ANLAGEN 56

Einstufung und Kennzeichnung
von Chemikalien ———————— 57
Notfallnummern ———————— 60
Sachregister ———————— 61
Impressum ———————— 64

MIT NATÜRLICHEN MITTELN PFLEGEN UND RENOVIEREN

HÄUSLICHE GLANZLEISTUNG

. . . .

Verblasster Teppich, angelaufenes Silber, dunkle Möbel und durchgesessenes Sofa … Dennoch muss man keine komplette Umgestaltung durchführen. Wir krepeln die Ärmel hoch und nehmen die Schönheitspflege der eigenen vier Wände selbst in die Hand.

. . . .

Es gibt zahlreiche Tipps zum Bleichen, Farben wiederbeleben und um matte Objekte wieder zum Glänzen zu bringen. Doch man muss kein Vermögen für Industrieprodukte ausgeben. Zahlreiche natürliche Produkte erweisen sich als echte Schönheitscremes für das ganze Haus. Also, auf zu einem natürlichen Lifting Ihrer vier Wände!

▸ **Gute Angewohnheiten**
· **Putzen Sie, damit Sie nicht renovieren müssen!** Mehr oder weniger brutaler Umgang mit Dingen, zahlreiches Kommen und Gehen in den Räumen, ständig Wasser, Feuchtigkeit, Staub, Wärme, Kälte ausgesetzt sein … Unsere Wohnräume haben ganz schön zu

tun, um diesem Ansturm Stand zu halten. Hier ein paar Tipps, damit größere Schäden und größere Instandhaltungsarbeiten vermieden werden können.

· **Täglich mindestens 15 Minuten lüften und zwar im Sommer wie im Winter**. Damit wird die Luft im Inneren bereits gereinigt und die Feuchtigkeit sowie alles was unsere Geräte und wir ausstoßen vertrieben.

· **Regelmäßig putzen**. Staubwischen und Fettentfernung sind zwei wesentliche Vorgänge, damit das Haus sauber bleibt. Sie sollten mindestens drei Mal pro Woche, wenn nicht gar täglich staubsagen. Putzen Sie mindestens einmal pro Woche und entfernen Sie Fett, vor allem in der Küche und im Badezimmer, somit setzen sich weder Kalk noch Schimmel fest. Waschen Sie die Vorhänge und Teppichböden mindestens zwei Mal pro Jahr und wechseln Sie möglichst wöchentlich Ihre Bettwäsche.

· **Räumen Sie auf**. Kleider in die Schränke, Bücher in den Bücherschrank, Spielsachen in Kisten … alles was herumliegt zieht Staub an und geht kaputt.

Die Sicherheit steht über allem

Naturprodukte hin oder her, zur Vermeidung von Unfällen müssen Sie die Sicherheitsregeln beachten:

· Bewahren Sie die Produkte in deren Originalverpackung auf, um Verwechslungen zu vermeiden. Natron kann mit Puderzucker oder Salz verwechselt werden!

· Wenn Sie Waschmittel oder sonstige Reinigungsmittel herstellen, verwenden Sie niemals Wasser- oder Limonadenflaschen, Produktverpackungen oder Bonbongläser zur Aufbewahrung. Werden diese Mittel in größeren Mengen eingenommen, können sie giftig sein.

· Kennzeichnen Sie sorgfältig und lesbar die hergestellten Mittel. Führen Sie die Bestandteile auf. Wenn jemand anderes als Sie diese Mittel verwendet, muss er wissen, um was es sich handelt.

· Versuchen Sie nicht, mit dem Mischen von Produkten Zeit zu gewinnen. Das Ergebnis wäre enttäuschend und vor allem könnten gefährliche chemische Reaktionen (z.B. giftige Dämpfe) entstehen.

· Ob gefährlich oder nicht, lagern Sie Haushaltsmittel stets außerhalb der Reichweite von Kindern, aber auch von Haustieren. Ideal ist, sie oben in einem Schrank zu lagern.

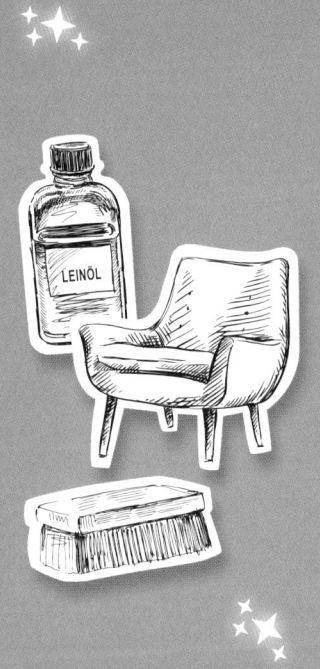

Renovieren, Flecken entfernen, auffrischen … Will man seine Einrichtung wie neu aussehen lassen, muss man deswegen nicht den Supermarkt leer kaufen. Es steht außer Frage, sein Haus mit teuren Produkten vollzustopfen, die selten nützlich und oft aggressiv sind. Ganz zu schweigen davon, dass deren Ausdünstungen unseren Bronchien nicht immer gut tun.

Der Vorteil natürlicher Produkte liegt darin, dass sie sich oft als Allzweckmittel erweisen. Lernen ie alles über Dosierung, Eigenschaften, Vor- und Nachteile von nützlichen Produkten. Sobald Sie sich dies alles angeeignet haben, macht der Hausputz nicht mehr viel Mühe.

DER IDEALE SCHRANK

ALLESREINIGER

Man kann sie für alles verwenden, es sind wahre Wundermittel und außerdem sind sie günstig.

▶ **Bikarbonat, der Alleskönner**

Natriumkarbonat (oder Natriumbikarbonat) ist ein weißes Pulver und wird aus Natron gewonnen – einem Mineral, das sich auf der Oberfläche von natriumreichen Seen bildet. Es kann auch im Labor hergestellt werden.

• **Wofür?** Zum Entfernen von Fett, Kalk, schlechten Gerüchen, zum Bleichen, Wiederbeleben von Farben, Putzen, als Weichspüler ... Man kann es fast für alles verwenden!

• **Anwendung:** Natriumbikarbonat wird als Puder, Paste oder mit Wasser verdünnt verwendet.

▶ **Putzstein, das Allheilmittel**

Der Putzstein, auch Reinigungs- und Polierstein genannt , besteht hauptsächlich aus Seife und Poliertonerde und hat eine leicht scheuernde, aber auch fleck- und fettentfernende Wirkung. Und das ist nicht alles, mit Putzstein kann man auch polieren und Weiß auffrischen.

• **Wofür?** Zum Reinigen von Scheiben, Emaille, Silber, zur Fleckentfernung auf Stoffen und Wänden, zum Polieren empfindlicher Materialien: Er eignet sich für alles und wird von den meisten Materialien vertragen.

• **Anwendung:** Den Schwamm anfeuchten, mehrmals über den Putzstein streichen, putzen, mit klarem Wasser nachspülen und mit einem fusselfreien Tuch abreiben.

ENTKALKER

Kalk ist einer der erklärten Feinde des Hauses. Er kommt an jeder Stelle vor, die mit Wasser in Kontakt kommt und lagert sich als Kesselstein und Schimmelpilz ab. Außerdem verkürzt er die Lebensdauer vieler unserer Haushaltsgeräte. Entkalker müssen regelmäßig verwendet werden, wenn sie wirksam sein sollen.

▸ **Spritessig, der Unverzichtbare**

Essig mit 10 % Säure wird industriell durch die Essigsäurebildung von Rüben- oder Maisalkohol hergestellt. Das Paradox ist, dass dieser Essig ein industriell herge-stelltes Produkt ist, das jedoch zu 100 % natürlich und umweltfreundlich ist, denn es baut sich schnell ab und hinterlässt in der Umwelt keinerlei Spuren.

• **Wofür?** Zum Putzen, Säubern, Entkalken und Entfernen von Kesselstein, als Weich-püler, zum Auffrischen von Farben, als Fettentferner, zur Beseitigung schlechter Gerüche, zum Desinfizieren.

Mein „Orangenessig"

Bei Essig gibt es nur eine Schattensei-te: Der Geruch. Er verschwindet schnell, doch wenn er Sie stört, können Sie ihn reduzieren oder verhindern. Das ist ganz einfach, Sie müssen den Essig nur parfümieren. Hierzu geben Sie in einen großen, luftdicht verschließbaren Be-hälter (Vorratsglas) einen Liter Essig mit 10 % Säure mit Zesten von 3 Orangen so-wie ein Dutzend Basilikumblätter. Schlie-ßen und rund zwölf Tage lichtgeschützt ziehen lassen. Danach filtern Sie das Ganze, füllen zwei Drittel der Mischung um und geben ein Drittel Wasser in den ursprünglichen Behälter oder in einen Zerstäuber. Die Zubereitung ist mindes-tens einen Monat lang haltbar.

Eine andere schnelle Lösung? Geben Sie 5 Tropfen ätherisches Zitronen- oder La-vendelöl direkt in die Flasche mit Essig.

TIPP

9

• **Anwendung:** Man verwendet ihn pur, aber auch mit Wasser verdünnt (50/50) zum Fensterputzen oder zum Reinigen von Spielsachen, aber auch in Verbindung mit Salz (zum Polieren von Kupfer) oder mit Natron (um Abflüsse frei zu bekommen). Man verwendet ihn kalt für Böden und wenig verschmutzte Wände, zur Fleckentfernung auf Kleidern vor dem Waschen, für Möbel und fettige Küchengegenstände, zum Entfernen schlechter Gerüche in der Toilette. Er wird warm oder lauwarm für sehr schmutzige Böden, schwarze Töpfe oder zum Entkalken von Küchensachen genommen.

❶ GEGENANZEIGE: Granit reagiert auf den Kontakt mit Essig und wird weiß. Auch zur Reinigung des Katzenklos sollte es nicht verwendet werden, Katzen hassen den Geruch von Essig im Gegensatz zu Javelwasser, das sie sehr gerne riechen.

❶ ACHTUNG: Beim Umgang mit warmem Essig Schutzhandschuhe anziehen und die Fenster öffnen, denn er verströmt leicht reizende Dämpfe. Essig mit 10 % Säure darf nicht mit anderen chemischen Produkten wie Javelwasser gemischt werden, da eine explosive Mischung oder giftige Dämpfe entstehen könnten.

☞ Hätten Sie es gewusst?

Außer Zitronen sind alle diese Produkte jahrelang haltbar, wenn man sie kühl, trocken und lichtgeschützt lagert.

▸ Zitrone – klein aber stark
Zitronensaft enthält Zitronensäure und ersetzt wirkungsvoll Javelwasser.
• **Wofür?** Zitronensaft bleicht, entfernt Rost, Kesselstein, desinfiziert, bringt Kupfer zum Glänzen, entfernt schlechte Gerüche usw.
• **Anwendung:** Zitrone wird pur oder zur Verstärkung der entkalkenden Eigenschaften mit Salz bestreut verwendet.

❶ GEGENANZEIGE: Einige Materialien vertragen keine Säuren. Daher keinesfalls auf Marmor und Stein verwenden.

❶ ACHTUNG: Bitte nicht mit Natron oder Waschsoda verwenden, sonst erhält man beim Kontakt mit Wasser eine explosive Mischung

SCHEUERMITTEL

Ob flüssig oder als Paste, als Schmierseife oder Savon de Marseille, Seife ist ein hervorragendes Putzmittel. Sie ist natürlichen Ursprungs und biologisch abbaubar.

▶ **Savon de Marseille, eine sichere Bank**

Die echte Seife aus Marseille enthält mindestens 72 % Pflanzenöl (Oliven-, Palm-, Kopraöl). Diese Zahl muss auf der Seife aufgedruckt sein. Wissenswert: Je grüner die Farbe, desto mehr Olivenöl enthält sie.

• **Wofür?** Sie ist ein Fleckentferner für Textilien und ein Mittel zum Entfernen von Fett.

• **Anwendung:** Für die Herstellung von Waschmittel 50 g Seife (in Flockenform) in einem Liter warmen Wasser auflösen. In flüssiger Form hängt die Dosierung vom Verwendungszweck ab. Am Stück reibt man sie pur.

▶ **Schmierseife, der Kraftprotz**

In fester, weicher oder flüssiger Form – Schmierseife besteht aus Pottasche und einem Fettstoff. Dies kann Oliven-, Lein-, Nuss- oder Maisöl oder sogar Glyzerin sein. Sie ist umweltfreundlich und hat nur einen Nachteil: Einen speziellen Geruch, der nicht immer als angenehm empfunden wird.

• **Wofür:** Flüssige Schmierseife kann als Grundlage zur Herstellung eines Flüssigwaschmittels dienen und sucht ihresgleichen wenn es darum geht, Böden und Wände wieder wie neu aussehen zu lassen, Fett auf Dunstabzugshauben zu lösen und Flecken zu entfernen.

• **Anwendung:** Die Dosierung hängt vom Verwendungszweck ab. Sie wird nur in kleinen Mengen verwendet. Flüssige Schmierseife wird ohne Nachspülen zum Fensterputzen und für Fliesen genommen und zwar einen Kaffeelöffel auf eine Schale lauwarmes Wasser. Als Paste ist sie sehr konzentriert und perfekt, um alle Böden wie neu aussehen zu lassen. Nehmen Sie hierzu ein Glas voll auf fünf Liter Wasser. Als Paste ist sie so kräftig, dass sie pur zum Abbeizen von Möbeln und Loslösen von Tapeten verwendet werden kann.

BLEICHMITTEL

....

Egal ob Wäsche, Möbel oder Materialien, Percarbonat ebenso wie Wasserstoffperoxid sind für ihre bleichende Wirkung bekannt. Auch ihre desinfizierenden Eigenschaften werden bei der Bekämpfung von Schimmelpilzen und Mikroben geschätzt.

....

▸ **Natriumperkarbonat, der Superreiniger**
Beim Kontakt mit Wasser, setzt er „aktiven Sauerstoff" (Wasserstoffperoxid) mit starken bleichenden und desinfizierenden Eigenschaften frei. Er hat die gleichen fettlösenden Eigenschaften wie Waschsoda.
• **Wofür?** Er eignet sich zum Bleichen und zur Fleckentfernung bei Stoffen, zum Reinigen und Desinfizieren von Böden, Terrassen, Emaillebadewannen, Fliesen im Badezimmer und zur Beseitigung von Schimmelpilzen.
• **Anwendung:** Eine Mischung aus ein bis drei Esslöffeln pro Liter Wasser genügt.

❶ **GEGENANZEIGE:** Nicht auf Aluminium oder gewachsten, gestrichenen oder lackierten Oberflächen verwenden. Er ist brandfördernd und sollte daher von brennbaren Produkten wie Alkohol und ätherischen Ölen ferngehalten werden.

❶ **ACHTUNG:** Jeglichen Haut- und Augenkontakt vermeiden und Handschuhe tragen.

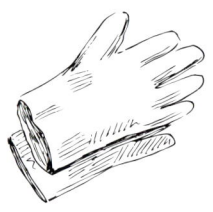

▸ **Wasserstoffperoxid, der Aufheller**
Dieses Antiseptikum, auch Peroxid genannt, ist in der Apotheke erhältlich. Es wird natürlich auf der Grundlage von Enzymen hergestellt, die man „Peroxidasen" nennt.
• **Wofür?** Im Haushalt ist es ein hervorragender Fleckentferner, der fast jedem organischen Fleck zu Leibe rückt: Blut, Tee, Kaffee, Schokolade, Rotwein, Obst, Fett, Schweiß, Lippenstift, Gras, Ruß ... Es beseitigt auch Moos und Schimmelpilze.
• **Anwendung:** Wasserstoffperoxid gibt es in verschiedenen Dosierungen, aber man verwendet es meist im Verhältnis von 20 Volumen für die Fleckentfernung, 30 Volumen für das Bleichen von Wäsche und 60 Volumen für das Bleichen von PVC, Emaille, Holz und große Oberflächen.

FLECKENTFERNER

Sie wirken genau und spezifisch. Fettfleck, Blutfleck, Lackfleck … Nur sie können unsere wertvollen Objekte retten, denn sie wirken und schonen dabei empfindlichste Materialien.

▸ **Sommières-Erde, der natürliche Trockenreiniger!**

Sommières-Erde, auch Montmorillonit, ist zu 100 % natürlicher Ton, der absorbierende Eigenschaften besitzt.

• **Wofür?** Sie ist ideal für die Fleckentfernung und zum Entfernen von Fett- und Urinrändern. Sie wird auf Kleidern, Leder, Möbelstoffen, Böden und Wänden sowie Holzmöbeln verwendet.

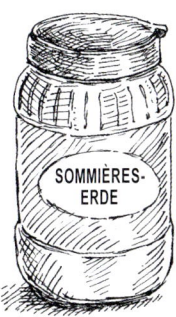

SOMMIÈRES-ERDE

• **Anwendung:** Man bedeckt den Fleck mit dem Pulver und lässt es einwirken. Die Einwirkzeit hängt vom Umfang und Alter des Flecks ab. Der Schmutz löst sich und wird vom Pulver absorbiert. Anschließend kann man den Stoff ausschütteln, abbürsten oder absaugen.

❶ ACHTUNG: Das Pulver kann empfindliches Material entfärben, testen Sie es also immer an einer unsichtbaren Stelle. Im Zweifelsfall sind Babypuder, Maizena oder aber Mehl ganz gute Alternativen.

▸ **Ammoniak, rückt Flecken und Gerüchen zu Leibe**

Man nennt ihn auch Ammoniakwasser (Salmiakgeist). Es ist eine wässrige Lösung, die Ammoniakgas (NH_3) enthält und die richtige Bezeichnung ist Ammoniumhydroxid (NH_4OH).

• **Wofür?** Er entfernt Blutspuren, Wein, Schweiß, Obst, Wachs, Lack und noch viele andere Flecken. Er wird auf Teppichen, Tapeten, für Geschirr, Haushaltselektrogeräte, Böden und Wänden, (außer bei Zement und Beton) für Kunststoffe, Holz, alle Arten von Stoffen, außer Wolle und Seide verwendet. Er hat auch die Besonderheit, Farben aufzufrischen.

• **Anwendung:** Ammoniak wird stets mit einer großen Menge Wasser verdünnt. Anschließend ausreichend mit klarem Wasser nachspülen.

🛈 ACHTUNG : Es ist ein gefährliches Produkt, das mit Vorsicht verwendet werden muss: Lesen Sie stets die Gebrauchsanweisung, tragen Sie Handschuhe und atmen Sie die austretenden Dämpfe nicht ein. Öffnen Sie stets das Fenster, wenn Sie Ammoniak verwenden.

🛈 GEGENANZEIGE: Ammoniak beschädigt Linoleum, Zement und Beton.

▸ **Terpentinöl, der Champion unter den Fleckentfernern**
Terpentinöl ist ein farbloses ätherisches Öl, dessen Geruch an Pinien erinnert. Es ist nicht wasserlöslich.
• **Wofür?** Es löst Fett, Farbe, Wachs, Haushaltsprodukte oder Parfüm; es wirkt flecklösend auf allen Stoffen und sogar bei empfindlichen Materialien wie Seide; es entfernt Schimmelpilze auf Leder und ist

auch wirksam zur Reinigung von Bildschirmen und Elektrogeräten wie Touchscreens. Es wird auch von Schreinern verwendet: Es entfernt Kratzer auf Möbeln; in Verbindung mit Brennspiritus oder Olivenöl wirkt es bei Flecken auf Holz und vermischt mit Leinöl lässt es weiße Ränder verschwinden.
• **Anwendung:** Die Dosierung ist abhängig vom Verwendungszweck. Pur auf Flecken, 50/50 mit Leinöl für Holz, mit Wasser für Sanitärbereiche.

🛈 ACHTUNG : Terpentinöl ist ein gefährliches Produkt, das mit Vorsicht behandelt und gelagert werden muss, außer der Reichweite von Kindern und Tieren und in einem belüfteten Raum aufbewahren. Vermeiden Sie den Kontakt mit den Augen. Man sollte sich nach jeder Nutzung die Hände mit Seife waschen. Es kann tödlich sein, wenn es von einem Kind verschluckt wird.

🛈 GEGENANZEIGE: Terpentinöl ist brennbar. Es sollte weder Sonnenlicht noch Salpetersäure ausgesetzt sein, sonst kann es zu schlimmen Verbrennungen kommen.

▸ **70 % vol. Alkohol, der Express-Fleckentferner**
Als Alternative zum 90 % vol. Alkohol wird 70 % vol. Alkohol im Supermarkt verkauft.

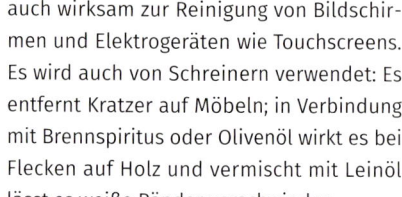

• **Wofür?** Er löst Fett,- Tinten-, Lack- und Harzflecken. Er eignet sich auch zum Entstauben von Möbeln und zum Entfernen von Fingerabdrücken auf Wänden.

• **Anwendung:** Es genügt, Watte mit dem 70 % vol. Alkohol zu tränken und den Fleck damit abzureiben.

❗ **ACHTUNG:** 70 % vol. Alkohol muss vorsichtig verwendet werden, denn er ist brennbar, allerdings ist er für die Umwelt nicht schädlich.

▸ **Schlämmkreide, der Schönmacher**

Schlämmkreide ist zu 100 % natürlich, stammt aus den Kreidevorkommen im Pariser Becken (Meudon), ist ungiftig, biologisch abbaubar und ein sehr feines weißes, leicht alkalisches, leicht scheuerndes Pulver, das hauptsächlich Karbonat- und Kalziumpartikel enthält.

• **Wofür?** Es eignet sich zum Scheuern und Polieren empfindlicher Oberflächen: Edelstahl, Silber, Cerankochfelder, Kupfer, Marmor, Zinn, Scheiben, ohne das Risiko von Kratzern.

• **Anwendung:** Meistens verwendet man es in Form von Paste unter Zugabe von Wasser.

Das richtige Material für erfolgreiches Putzen

Für die besten Ergebnisse benötigt man gutes Werkzeug:

• Saubere, fusselfreie Lappen oder Mikrofasertücher
• Fensterleder
• Ein Baustellenschwamm für große Flächen
• Eine biegsame Zahnbürste (für Zwischenräume gibt es nichts Besseres)
• Ein leicht abgenutztes Taschenmesser für vorsichtiges Kratzen, wie dies unsere Großmütter immer taten.
• Eine Bürste mit Naturfasern (die aus Plastik sind nicht so effizient, denn die Haare verbiegen sich schnell unter dem Druck) zum Reiben ohne Kratzer
• Zeitungspapier
• Einen sauberen Wischlappen
• Extrafeine Stahlwolle zum Entfernen ganz feiner Kratzer
• Weiche Schwämme für sämtliche Oberflächen
• Einen Abzieher für Glasscheiben Und natürlich einen Besen, einen Eimer oder eine Wanne, eine Schaufel, einen Staubsauger und Handschuhe

Polieren, entkalken, bleichen, Farben auffrischen, zum Glänzen bringen, einen Geruch entfernen, Spuren und Ränder entfernen, Kratzer verschwinden lassen ...
Alles ist möglich, vorausgesetzt, man verwendet die richtigen Produkte und vor allem die richtigen Anleitungen.

Vorsicht, einige Produkte können mit gewissen Materialien inkompatibel sein und das Ergebnis kann das Gegenteil von dem sein, was man wollte. Um Verfärbungen und Fehler zu vermeiden, halten Sie sich an den Leitfaden ...

JEDEM MATERIAL
SEIN SCHÖNHEITSREZEPT

HOLZ

Es kommt auf die Sorte an

Holz hat viele Feinde: Sonne und Mond, die es bleichen, Feuchtigkeit, die es aufquellen oder verziehen kann, Hitze, bei der es reißen kann, und die Objekte, die Flecken, Kratzer oder sogar Brandflecke hinterlassen. Damit es wie neu aussieht, sollte man lieber vorsichtig vorgehen, denn je nach Art und Behandlung, die es erfahren hat, gibt es unterschiedliche Möglichkeiten. Damit es keine unangenehmen Überraschungen gibt, sollte man stets einen Test an einer unsichtbaren Stelle durchführen.

▸ **Unbehandeltes Holz auffrischen**

Nichts ist wirkungsvoller als das Abwischen mit einem feuchten Tuch und Seifenwasser aus einer haselnussgroßen Menge Schmierseife und laufwarmem Wasser oder einigen Tropfen „Zitronenlotion" (siehe Kasten). Das Tuch muss gut ausgewrungen werden. Es darf kein Wasser aufs Holz tropfen. Trocknen Sie vorsichtig mit einem sauberen, trockenen Tuch nach. Falls noch Flecken vorhanden sind, können Sie diese leicht mit einem sehr feinen Sandpapier abschleifen.

Um nicht mehr zu verkratzen, folgen Sie stets der Holzmaserung.

• **Um einen Fettfleck auf unbehandeltem oder gewachstem Holz zu entfernen,** bestreuen Sie ihn mit Sommières-Erde, die den Fleck absorbiert. Mindestens 12 Stunden einwirken lassen. Zum Vorgang Beschleunigen, bedecken Sie die Sommières-Erde mit Küchenpapier. Klopfen Sie an der Stelle, an der sich der Fleck befindet leicht mit einem lauwarmen (nicht heißen) Bügeleisen auf das Papier. Das Papier saugt das Fett auf. Wechseln Sie das Papier regelmäßig und wiederholen Sie den Vorgang, solange die Flecken sichtbar sind.

Das Rezept für die „Zitronen-Lotion"

Es ist das Wunderrezept, um Möbel zu reinigen und zu schützen. Mischen Sie 5 Esslöffel Olivenöl, 5 Esslöffel gefilterten Zitronensaft und 15 Tropfen ätherisches Zitronenöl (Citrus Limonum), bekannt für seinen Duft und seine Wirkung gegen Parasiten. Diese Lotion wird im Kühlschrank aufbewahrt. Versehen Sie das Produkt mit einem Etikett, um die Verwechslungsgefahr zu vermeiden.

▸ Gewachstes Holz im neuen Outfit

Wachsen ist gut, aber mit der Zeit verschmutzt das Möbelstück durch zu viel Wachs. Damit es seinen alten Glanz zurückbekommt, entfernen Sie das Wachs einmal jährlich. Reiben Sie das Möbelstück einfach nur mit einem trockenen, fusselfreien Tuch und einigen Tropfen Terpentinöl ab. Vorsichtig trocknen und dann ein wenig Zitronenlotion draufgeben (siehe Kasten). Warten Sie ein bis zwei Stunden, bevor Sie das Möbelstück zur Pflege erneut mit Bienenwachs einreiben.

• **Wasserflecken auf gewachstem Holz verschwinden mit einem Korken.** Runde Bewegungen von außen nach innen ausführen.
• **Ein Tintenfleck?** Auf gewachstem Holz entfernen Sie ihn, indem Sie ihn mit einem feuchten Tuch und mit Milch oder reinem Zitronensaft betupfen. Wenn er verkrustet ist, muss man ihn leicht mit sehr feinem Sandpapier abreiben.

▸ Lackiertes Holz mag lieber Tee

Zur Reinigung, für neuen Glanz und sogar zum Entfernen feiner Kratzer mit einem fusselfreien Tuch abwischen. Dann wird das Möbelstück mit Tee abgewaschen. Hierzu

Schnelles Entfernen von Wachs

TIP

Sie haben keine Lust die ganzen Wachsschichten abzureiben? Bewegen Sie Ihren heißen Föhn in einem Abstand von 7–10 cm gleichmäßig über das Möbelstück. Das Wachs schmilzt und sämtlicher verkrusteter Schmutz löst sich mit. Sobald alles losgelöst ist, reiben Sie die Oberfläche mit einem fusselfreien Tuch ab. Warten Sie, bis das Holz wieder kalt ist und tragen Sie dann eine neue Wachsschicht auf.

lassen Sie eine Stunde lang drei Teebeutel Schwarztee in einem Liter abgekochtem Wasser ziehen. Ein anderes Tuch mit dem Tee befeuchten, auswringen und damit das Möbelstück immer entlang der Holzmaserung abreiben. Sobald alles getrocknet ist, polieren Sie mit einem weichen Tuch.

❶ **ACHTUNG:** Tee wird ausschließlich bei lackiertem Holz (Möbel, Parkett, Vertäfelung usw.) verwendet, denn auf unbehandeltem oder gewachstem Holz könnten Flecken entstehen.

Ein Wasserfleck?

Ein Wasserfleck auf Ihrem Büffet aus massivem Holz? Reiben Sie ihn vorsichtig mit einer Paste ab, die zu gleichen Teilen aus Zahnpasta und Natron besteht. In kreisenden Bewegungen von außen nach innen reiben und aufpassen, dass Sie nicht über den Rand hinaus reiben.

• **Lackiertes Holz ist ganz schmutzig?** Reinigen Sie es sorgfältig mit einem Tuch und einer Mischung zu 2 gleichen Teilen aus Terpentin- und Olivenöl. Polieren Sie es anschließend ab, damit das Holz glänzt.

▸ Vorsicht bei gestrichenem Holz!

Reinigen Sie das Holz mit einem Tuch und Terpentinöl. Trocknen lassen. Damit das Möbelstück wieder glänzt, können Sie es mit natürlichen, farblosen Bienenwachs behandeln. Sollte das Möbelstück sehr schmutzig sein, Putzen Sie es mit einem Schwamm und lauwarmem Wasser und ein wenig Waschsoda. Abreiben und polieren.

▸ Und wie das glänzt!

Ihre gerade eingewachste Kommode glänzt nicht? Geben Sie Maisstärke (Maizena) auf ein weiches Tuch und reiben Sie es ab. Die Stärke absorbiert überschüssiges an Wachs und das Möbelstück glänzt wieder.

▸ Wie sieht es mit aufgeplatztem Holz aus?

Wenn sich im Holz kleine Risse befinden, nehmen Sie Holzpaste. Es gibt sie gebrauchsfertig in der Tube oder im Behälter, Sie müssen einfach nur die Farbe aussuchen, die zu Ihrem Möbelstück passt. Schließen Sie den Riss mit Hilfe eines kleinen Spachtels und nehmen Sie den Überschuss vorsichtig weg. Gut trocknen lassen. Danach einfach nur Wachs auftragen oder je nach Holz polieren. Ist der Spalt größer, sollten Sie lieber die Meinung eines Fachmanns einholen.

☞ Hätten Sie es gewusst?

Um einen Kratzer von einem Möbelstück aus Nussbaumholz zu entfernen, müssen Sie ihn einfach nur leicht mit einem Nusskern abreiben.

GLAS UND KRISTALL

Schöne Transparenz

Kalk macht unschöne Flecken auf Gläsern und Kristall, doch es gibt zahlreiche Lösungen dafür. Leider reagiert auch Blei mit den Spülmaschinenmitteln und „bleicht" die Materialien. Daher sollte man die Kristallgläser eher von Hand waschen und nur normales Geschirr in die Spülmaschine geben.

▸ **Schöne Transparenz mit Spritessig (10 % Säure)**
• **Ihre Gläser bewahren ihren Glanz,** wenn Sie sich angewöhnen ein bis zwei Esslöffel Spritessig ins Spülwasser zu geben, etwa ein bis zwei Esslöffel genügen. Abspülen und trocknen.
• **Geben Sie die Gläser einmal alle zwei bis drei Monate** etwa 10 Minuten in ein Bad aus Spritessig. Reichlich mit klarem Wasser abspülen und sorgfältig abreiben.
• **Sind die Gläser sehr schmutzig?** Geben sie in warmes Wasser mit einer Handvoll Waschsoda. Reichlich mit klarem Wasser

abspülen und sorgfältig abreiben, damit keine Spuren zurückbleiben.

❶ **ACHTUNG:** Damit die Gläser im Spülbecken nicht zu Bruch gehen, legen Sie es mit einem Geschirrhandtuch aus.

▸ **Reste am Boden eines Krugs entfernen**
Geben Sie zwei Gläser warmen (nicht kochenden) Spritessig und ein halbes Glas Reiskörner in den Krug. Lassen Sie das Ganze 10 Minuten wirken und schütteln Sie die Mischung dann kräftig. Der Reis

☞ Hätten Sie es gewusst?

Möchten Sie 2 ineinander verkeilte Gläser trennen, versuchen Sie es nicht mit Gewalt. Geben Sie in das obere Glas (das verkeilte Glas) kaltes Wasser oder Eiswürfel und tauchen Sie das untere Glas in warmes Wasser.

wird die Ablagerung lösen. Ausschütten und die Karaffe ausspülen. Die Ablagerung löst sich nicht? Füllen Sie die Karaffe mit warmem, nicht kochendem Spritessig und zerkleinerten Eierschalen. Über Nacht einwirken lassen. Am nächsten Tag kräftig schütteln und die Mischung ausleeren. Mit warmem Wasser nachspülen und abtrocknen.

▶ Eine Vase mit Flecken?

Schälen Sie drei Kartoffeln und geben Sie die zerkleinerten Schalen in die Vase. Mit Wasser auffüllen. Lassen Sie diese Mischung vier Tage lang stehen und schütten Sie sie anschließend aus. Vor dem Nachspülen reiben Sie die Vase außen mit einer rohen Kartoffel ab. Alles mit reichlich warmem Wasser abspülen. Mit einem weichen, fusselfreien Tuch nachreiben.

TIPP

Kratzer auf Gläsern entfernen?

Der Erfolg hängt von der Tiefe des Kratzers ab. Gehen Sie vorsichtig vor und haben Sie Geduld, sonst verstärkt sich der Kratzer noch. Reiben Sie das Glas in kleinen kreisförmigen Bewegungen mit einem zu einem Bausch gefalteten Stück Stoff und Zigarettenasche ab. Sie rauchen nicht? Dann verwenden Sie eine nussgroße Menge Zahnpasta auf einem trockenen Tuch oder einen mit Putzstein getränkten Schwamm.

▶ Ultrasaubere Scheiben

Sie haben keinen Glasreiniger mehr im Schrank? Nichts ist einfacher, als diesen selbst herzustellen. Mischen Sie einen ¾ Liter Wasser mit einem ¼ Liter Spritessig. Geben Sie die Mischung in einen Zerstäuber. Nun müssen Sie nur noch putzen. Trocknen Sie die Scheiben mit einem sauberen, fusselfreien Tuch ab und polieren Sie sie!

METALLE

Vorsicht vor der Oxydation

....

Die meisten werden mit der Zeit schwarz, matt oder bekommen Flecken. Damit diese Phänomene nicht auftreten, sollten Metalle regelmäßig gepflegt werden. Im Allgemeinen reicht es aus, sie regelmäßig mit einem feuchten Tuch und Natriumbikarbonat abzureiben, nachzuspülen und mit einem weichen Tuch zu trocknen.

....

▸ **Kupfer und Messing mit Reflexen**
 • **Ist das Metall nicht zu matt,** reibt man es mit einer halben Zitrone und grobem Salz ab, spült mit klarem Wasser nach und poliert es durch energisches Reiben mit Zeitungspapier.
 • **Ist der Topf wirklich sehr schmutzig,** dann stellen Sie eine Paste her, die zu gleichen Teilen aus Spritessig (oder Zitronenessig), Mehl und einem halben Anteil Salz besteht. Großzügig mit einem Tuch und kreisrunden Bewegungen auftragen. Mehrere

Stunden einwirken lassen, dann abspülen und mit einem Wolltuch oder frischen Sauerampferblättern polieren.

▸ **Kampf dem Grünspan**
Damit die grünlichen Spuren, verschwinden, müssen Sie die Holzhammermethode anwenden. Entfernen Sie den Grünspan mit einem Schwamm und reiben Sie die Fläche anschließend mit einer halben Zitrone und Salz ab. Anschließend reinigen Sie mit klarem Wasser und reiben das Ganze trocken. Sie können auch Essig (10 % Säure), verdünnt mit einem Esslöffel Salz verwenden. Abspülen und nachreiben.

❶ **ACHTUNG:** Grünspan kann Verbrennung hervorrufen und Giftstoffe ausstoßen. Bei Berührung mit der Haut die Stelle sofort mit Seifenwasser abwaschen und anschließend mit reichlich klarem Wasser abspülen.

▸ **Die Oxydation verlangsamen**
Wachsen Sie Kupfer nach dem Reinigen mit einer feinen Schicht farblosem Wachs ein. Trocknen lassen, dann mit einem weichen Tuch polieren.

▸ **Auf Hochglanz polieren**
Kohlblätter eignen sich wunderbar zum Polieren von Metall.

TIPP

Das richtige Rezept zur Pflege von Metallen

Sie können Kupfer, Chrom, Stahl, Edelstahl, Gold und Silber sowie jedes andere Metall mit einer Paste aus drei Esslöffeln Natron und Wasser reinigen. Auftragen, kurz einwirken lassen, mit warmem Wasser abspülen und dann mit einem weichen Tuch polieren. Damit alles glänzt verwenden Sie Zeitungspapier (das von der Tageszeitung): Die Tintenzusammensetzung reinigt und poliert.

BRONZE

Leichte Patina

Ihre Bronzesachen sind es wert, dass man sich regelmäßig um sie kümmert, damit sie nicht dunkel werden und ihren Glanz einbüßen. Verwenden Sie ein feuchtes Fensterleder und Schlämmkreide. Lassen Sie alles einige Minuten antrocknen und polieren Sie mit einem weichen Tuch nach.

▶ **Für richtig schmutzige und glanzlose Bronzesachen**

Verwenden Sie ein Tuch mit einer Mischung aus einem Teil Zitronensaft und zwei Teilen Spiritus. Sie können auch ein Rezept der Großmutter verwenden: Sie polierte Bronze mit warmem Rotwein!

▶ **Gegen Grünspan vorgehen**

Wie bei Kupfer vorgehen: Warmer Essig (oder Zitronenessig) und reichlich grobes Salz verwenden. Sorgfältig mit Wasser abspülen und gut trocknen. Vorsicht! Vergoldete Bronze ist sehr empfindlich: Es empfiehlt sich stets ein Test an einer verborgenen Stelle.

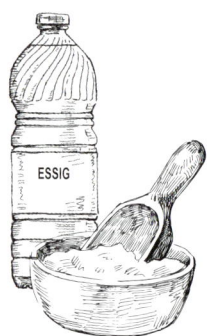

☞ Hätten Sie es gewusst?

Bronze ist eine Legierung aus Kupfer und Zinn. Daher ist auch Bronze (ebenso wie Kupfer) anfällig für Grünspan.

ZINN

Den Glanz erneuern

Gegenstände aus Zinn sind oft sehr dekorativ, doch sie werden mit der Zeit schwarz.

▸ **Auf zu neuem Glanz**
- **Bei mattem Zinn:** Das sanfte Polieren mit Schlämmkreide sorgt für neuen Glanz.
- **Bei glänzendem Zinn:** Mit einem in warmem Bier getränkten Lappen reinigen. Trocknen lassen und polieren.
- **Damit Zinn die schöne Patina von früher zurückerhält:** Verwenden Sie einen Korken, mit dem Sie in Kreisen von außen nach innen reiben. Eine geschälte Knoblauchzehe funktioniert auch.
- **Rostflecken?** Reiben Sie das Zinn mit Kartoffelscheiben ein, auf die Sie Natron gestreut haben. Abspülen und anschließend vorsichtig mit Fensterleder polieren.

▸ **Korrosionsspuren entfernen**
Kratzen Sie das Zinn mit extrafeiner Stahlwolle ab, die Sie zuvor in Lein-, Oliven- oder ein anderes Pflanzenöl getaucht haben. Dann sorgfältig polieren.

GUSSEISEN

Schwarz ist schwarz

Kaminplatte, Kaminständer, Garderobenständer, Türgriffe: Gusseisen ist überall vorhanden.

▸ **Die Farbe intensivieren**
Zuerst alles mit einer Stahlbürste abreiben, um eventuelle Rost- und Staubpartikel, die sich dort abgelagert haben, zu entfernen. Auf der gesamten Fläche schwarze Poliercreme oder eine Farbmischung aus braun, blau, schwarz und rot auftragen. Anschließend mit einem Tuch polieren. Gusseisen ist ein poröses Material. Es absorbiert die Politur, sobald diese aufgetragen und nachpoliert wurde und es besteht keine Gefahr, dass man Handabdrücke sieht.
- **Bei gusseisernen Töpfen:** Politur darf natürlich nicht für Gegenstände verwendet werden, die mit Nahrung in Berührung kommen. Bei Ihren Töpfen genügt es, wenn Sie diese innen und außen mit Ihrem Speiseöl einreiben. Sie glänzen und sind vor Rost geschützt.

EDELSTAHL

Rostfreier Chrom und Edelstahl – dieselbe Prozedur

Chrom und Edelstahl sind überall im Haus zu finden, daher bedarf es unserer ganzen Aufmerksamkeit. Sie verkratzen nicht nur, sondern bekommen auch leicht Spuren wie Fingerabdrücke, Kalk, Wasserspritzer.

▸ **Ein echtes Lifting mit Putzstein**

Tragen Sie mit einem Schwamm auf der gesamten Oberfläche Putzstein auf, lassen Sie alles einige Sekunden trocknen, dann nachreiben – wunderbar!

• **Chrom oder Chromstahl:** Verwenden Sie ein mit Apfelessig getränktes Wäschetuch.

▸ **Zitronensaft sorgt für Glanz**

Damit Ihre Oberflächen glänzen, müssen Sie diese einfach nur mit Zitronensaft reinigen. Mit reichlich klarem Wasser nachspülen und dann mit einem fusselfreien Tuch nachreiben. Für noch mehr Wirkung können Sie „Zitronenlotion" (Rezept S. 18) verwenden.

 **TIPP**

Setzen Sie auf Coca-Cola®

Hilft bei schlimmsten Verschmutzungen und sogar bei Rost auf Chrom und Edelstahl. Auf den zu reinigenden Bereich geben, zwei Minuten einwirken lassen und vorsichtig mit einem nicht kratzenden Schwamm abreiben.

Ein Limonadenbad über Nacht wirkt Wunder bei stark verrosteten Gegenständen.

▸ **Rostflecke und Kratzer**

• **Ihre Messer haben Rostflecken?** Verleihen Sie ihnen mit einer Zwiebel eine zweite Jugend. Nehmen Sie eine halbe Zwiebel, tauchen Sie diese in ein Schälchen mit Puderzucker und reiben Sie die Klinge damit ab. Innerhalb weniger Sekunden wird sie glänzen.

• **Verkratztes Metall?** Die Lösung ist dieselbe wie bei Kratzern auf Glas (siehe S. 22)

WERTVOLLE METALLE

... Und wie das glänzt!

Gold, Silber, Edelsteine, Elfenbein – unsere Schätze benötigen Pflege, wenn sie glänzen und nicht kaputtgehen sollen.

▸ **Silber ist sein Geld wert**

Schlagen Sie ein oder zwei Eiweiß mit ein paar Tropfen Spritessig. Mit dem Pinsel auf den zu reinigenden Schmuck auftragen, trocknen lassen und mit einem Tuch nachreiben.

• **Falls Ihr Silber wirklich schwarz ist,** mit einer Paste aus Schlämmkreide, mit etwas Wasser verdünnt, oder mit Putzstein abreiben. Einwirken lassen und mit einem weichen Tuch polieren.

• **Hartnäckige schwarze Flecken?** Zigarettenasche mischen Sie mit Zitronensaft und reiben Sie den Fleck mit einem Baumwolltuch ein, abspülen und fertig. Alternativ eine haselnussgroße Menge Zahnpasta verwenden.

• **Damit Silber nicht zu schnell anläuft:** Bewahren Sie Ihren Schmuck und Silberbesteck in einem dunklen Flanellstoff oder in dunklem Seidenpapier auf.

▸ **Goldschmuck**

Goldschmuck ist sehr empfindlich und kann nicht mit irgendeinem beliebigen Produkt gereinigt werden. Javelwasser darf zum Beispiel auf gar keinen Fall verwendet werden, weil es das Produkt schwärzt. Damit der Schmuck nicht verkratzt, verwenden Sie ein weiches Tuch und eine weiche, benützte Zahnbürste.

🔍 Minutenbad

Legen Sie ein Blatt Aluminiumpapier in Ihr Spülbecken. Ordnen Sie Ihre Silbersachen darauf, ohne dass sie sich berühren. Mit kochendem Wasser bedecken und 3 Handvoll grobes Salz hinzufügen. Das Silber wird sofort hell, Sie müssen es nur noch sorgfältig abspülen und mit einem weichen Tuch trocknen.

❶ **ACHTUNG:** *Nicht machen, wenn Ihr Ring mit Edelsteinen versehen ist.*

💡 **TIPP**

Express-Erneuerung

Eine Express-Erneuerung: Reiben Sie Ihren Schmuck mit Kugeln aus Brotkrumen ab. Mit einem weichen Tuch polieren.

• **Zwiebel ist das wirkungsvollste Mittel**. Kochen Sie eine Zwiebel in Wasser. Sobald das Wasser abgekühlt ist, geben Sie den Schmuck hinein. Abspülen und polieren. Nicht ratsam für Schmuck mit eingefassten Edelsteinen.

• **Wenn Spuren und feine Kratzer verschwinden sollen,** sorgt Zahnpasta für kleine Wunder. Einfach auf der gesamten Oberfläche des Schmucks auftragen. Trocknen lassen, abspülen und polieren.

• **Garantierter Glanz**. Mischen Sie eine Messerspitze Zigarettenasche mit einigen Tropfen Zitronensaft und reiben Sie damit den Schmuck vorsichtig ein. Reichlich mit klarem Wasser abspülen. Alternative: Bestäuben Sie den Schmuck mit Backpulver. Mit einem weichen Tuch polieren.

▸ **Brillantsteine**
Reinigen Sie Ihren Solitär mit einem Mikrofasertuch mit Wasser und einem Tropfen Alkohol (90 % vol.) Vergessen Sie nicht, das Innere des Ringes zu reinigen, hier setzt sich nämlich der Schmutz ab, der den Glanz nimmt. Mit einem trockenen und sauberen Tuch trocknen.

❗ACHTUNG: Verwenden Sie keine Bürste, sie könnte den Stein aus der Fassung lösen, und auch kein Natron, das ihn verkratzen könnte.

▸ **Elfenbein bleichen**
Reiben Sie Elfenbein mit Zitronensaft und einer Messerspitze feinem Salz zügig ab. Abspülen und anschließend mit einem mit Öl getränkten Tuch polieren. Alternativ in Milch tunken oder mit einem mit Wasserstoffperoxid getränkten Wattebausch polieren.

PLEXIGLAS UND KUNSTSTOFF

Hier ist Transparenz angesagt

Stühle und Tische aus Plexiglas, Salatschüsseln, Schalen, Salatschleudern aus Kunststoff ... Nichts ist trauriger anzusehen, als verblasste und fleckige Gegenstände.

▶ Damit alles wieder transparent ist

Lösungsmittel sind verboten, außer Sie möchten die Transparenz Ihrer Gegenstände in eine unabänderliche milchige Schicht verwandeln. Marseiller Seife oder Schmierseife sind perfekt zum Fettlösen. Damit keine Wasserspuren zurückbleiben, muss man alles mit einem weichen Tuch oder einem Wollfilz abreiben, bis sich der gewünschte Glanz einstellt.

▶ Kratzer entfernen

Reiben Sie vorsichtig mit einem Wollfilz, das mit Zigarettenasche bestreut ist, in kreisenden Bewegungen von außen nach innen. Auch mit Zahnpasta erzielt man gute Ergebnisse. Wie bei allen Anleitungen vorher testen.

❶ ACHTUNG: Entfernen Sie Staub auf Ihrem Plexiglas-Couchtisch nicht mit einem trockenen Tuch. Die feinen Staubpartikel könnten kleine Mikrokratzer erzeugen.

💡 TIPP

Schützendes Öl

Reiben Sie Ihre Gegenstände aus Plexiglas oder Kunststoff zum Schutz mit Speiseöl oder mit „Zitronenlotion" (S. 18) ein. Trocknen lassen und dann polieren, damit alles glänzt.

MARMOR

Schönheitskur

Egal, worum es sich handelt ... Marmor wird stumpf, wenn es nicht gepflegt wird.

Zuerst grundreinigen: Stauben Sie die Oberfläche ab und entfernen Sie Fett mit lauwarmem Wasser und Schmierseife, anschließend nachspülen.

▸ Matter und gebleichter Marmor

Mit 2/5 Schlämmkreide 1/5 Waschsoda und 2/5 Wasser tiefenreinigen: Großzügig auftragen, eine Stunde einwirken lassen und mit einem trockenen Tuch abwischen.

• **Glanzloses Marmor**. Reiben Sie die Marmorfläche mit kreisrunden Bewegungen von außen nach innen mit sehr feinen Schleifpapier oder extrafeiner Stahlwolle ab.

• **Marmor fühlt sich rau an?** Mit einer leicht feuchten Tintenfischschale (Schulp) abreiben: Durch die leicht schleifende Wirkung wird die Oberfläche glatt wie Seide.

▸ Eine Tagescreme zum Schutz

Farbloses Wachs mit einem Lappen in einer dünnen Schicht aufgetragen. Nach dem Trocknen mit Fensterleder polieren.

❶ **ACHTUNG:** Der schlimmste Feind von Marmor ist Säure in jeglicher Form.

▸ Fettflecke entfernen

Pudern Sie Sommières-Erde auf die Oberfläche, sie absorbiert das Fett. Lassen Sie das Ganze so lange wie notwendig einwirken (mindestens 10 Stunden!). Falls Sie keine Sommières-Erde haben, verwenden Sie Puder.

Ein Stück Marmor ist abgebrochen

1. Entfernen Sie zuerst sämtliche Staubspuren an den Rändern des Bruchs mit Hilfe einer Metallbürste oder eines groben Schleifpapiers.

2. Entfernen Sie Fett auf den beiden Stücken.

3. Bereiten Sie langsam trocknenden Epoxidkleber gemäß der Gebrauchsanweisung zu.

4. Eine Messerspitze Puder oder Schlämmkreide bei weißem Marmor hinzu geben. Bei farbigem Marmor verwenden Sie dessen Puder, indem Sie es an einer unsichtbaren Stelle abkratzen.

5. Die Ränder mit dem Kleber bestreichen, fügen Sie sie zusammen und mit Klebeband fixieren.

6. Entfernen Sie überschüssigen Kleber mit einem mit hochprozentigem Alkohol getränkten Wattebausch.

7. Nach 24 Stunden bimsen Sie die Bruchstelle mit einem sehr feinen Schleifpapier ab und polieren alles.

· **Wenn der Fleck eingetrocknet ist:** Geben Sie der Sommières-Erde oder dem Puder einige Tropfen Terpentin hinzu.

· **Rost- oder Tintenfleck:** Tupfen Sie die Stelle mit einem Tuch oder einem Wattebausch mit Wasserstoffperoxid 20 % vol. ab.

· **Sonstige Flecken:** Verschwinden mit einem Schwamm und Schmierseife.

▸ **Risse kitten**

Gießen Sie in den Spalt ein wenige weißes Wachs (oder Kerzenwachs). Fest werden lassen. Kratzen Sie überschüssiges Wachs mit einer Klinge ab. Polieren. Einwachsen.

So, unsere Sachen sehen jetzt wie neu aus. Doch das war erst die erste Stufe. Nun gehen wir die Räume durch. Tapeten, Fliesen, abgewetzte Teppiche im Wohnzimmer, gelblich verfärbte Küchengeräte, wenig einladendes Bettzeug im Schlafzimmer …
Die Verjüngungskur geht weiter.

SCHÖNHEITSPFLEGE
RAUM FÜR RAUM

KÜCHE

Fliesen, Elektrogeräte, Edelstahl, Chrom, Arbeitsplatte … die Runde ist schnell gedreht und die Lösungen sind einfach und effizient. In der Küche benützt man nicht nur das Auge, man geht auch auf die Jagd nach schlechten Gerüchen.

▸ **Arbeitsplatten und Spülbecken: Jeder braucht seine eigene Pflege**

Arbeitsplatten aus dem Handel sind in der Regel behandelt und vor Stößen und Flecken geschützt … oder zumindest fast! Bei schlechter Pflege verlieren sie ihren Glanz. Hier muss man handeln. Die Techniken sind je nach Material unterschiedlich, außer bei Kratzern. Hierfür ist und bleibt Zahnpasta die beste Lösung. Für mehr Wirksamkeit eine Messerspitze Natron hinzufügen.

• **Gefliese Arbeitsplatte**. Fugen und Fliesen – alles ist grau. Putzstein ist zugleich mild und scheuernd und ist ideal für die Fliesenpflege. Einfach mit einem feuchten Schwamm und der Paste abreiben, dann mit Essigwasser abspülen (ein Drittel Essig und zwei Drittel Wasser). Sind die Fugen grau, genügt das Abbürsten mit der Zahnbürste und mit Natron.

• **Eine beschichtete Arbeitsplatte**. Beginnen Sie mit dem Lösen von Fett mit einer Mischung aus Wasser und Schmierseife (ein Kaffeelöffel Schmierseife in einem Liter lauwarmem Wasser) oder Spülmittel. Der Trick kommt danach: Reiben Sie sie mit einem Tuch und lauwarmer Milch ab und polieren Sie sie dann mit einem trockenen Tuch.
Ist die Beschichtung wirklich sehr beschädigt, es gibt in den großen Baumärkten spezielle Harze zum Überziehen von Beschichtungen und auch komplette Sets, um selbst seine Arbeitsplatte aus gewachstem Beton herzustellen.

• **Arbeitsplatte aus geölten Holz**. Der Vorteil von Holz ist der, dass es stets erneuerbar ist. Reinigen Sie die Arbeitsplatte mit einem feuchten Tuch und einer Mischung aus warmem Wasser und drei Tropfen Schmierseife oder mit der Zitronenlotion (siehe S. 18). Zur Bekämpfung von Fettflecken bestreuen Sie diese mit Sommières-Erde. Wie auf S. 18 vorgehen. Sämtliche anderen Flecken verschwinden, wenn man sie mit Zitrone abreibt.

Ist die Arbeitsplatte wirklich beschädigt, bimst man sie vollständig im Verlauf der Holzmaserung ab, vor allem bei Flecken und Kratzern. Zum Härten wird die Oberfläche anschließend mit einer Mischung aus Leinöl und Terpentinöl zu gleichen Teilen eingepinselt. Vorher testen, denn Leinöl kann das Holz dunkler färben; falls das Holz dunkler zu werden droht, geben Sie etwas mehr Terpentinöl hinzu. Trocknen lassen und polieren.

• **Arbeitsplatten aus Edelstahl, Zink oder Harz.** Damit diese drei Materialien wieder wie neu glänzen, verwenden Sie ganz einfach Putzstein oder eine Mischung zur Hälfte aus Wasser und Alkohwol 70 % vol. Nicht reiben, sonst kann es kleine Kratzer geben. Trocknen lassen und mit einem Mikrofasertuch abreiben. Vermeiden Sie ätzende Mittel und vor allem Javelwasser, das sofort zu Flecken führen kann.

• **Die Granitarbeitsplatte hat Flecken**? Reiben Sie die Arbeitsplatte kräftig mit einem Baumwollstoff und einer Paste aus 5 Esslöffeln Wasser und 125 g Natron ab.

Zur Wasserbeständigkeit und zum Schutz: Geben Sie reichlich Leinöl auf die gereinigte und getrocknete Oberfläche. Warten Sie, bis der Stein das Produkt aufgesogen hat, dann entfernen Sie überschüssiges Öl mit einer Küchenrolle. Nach einem halben Tag Trocknungszeit müssen Sie nur noch mit einem feuchten Schwamm nachreiben.

Eine gesprungene Fliese

 TIPP

Eine Fliese auf der Arbeitsplatte ist gesprungen. Da hilft nur austauschen.

1. Mit Hilfe eines kleinen Stemmeisens entfernen Sie die Fugen rund um die Fliese und klopfen dabei vorsichtig mit dem Hammer auf den Stiel.

2. Entfernen Sie die beschädigte Fliese.

3. Entfernen Sie den restlichen Fliesenkleber auf der Arbeitsplatte.

4. Geben Sie anschließend einige Punkte Fliesenkleber auf die neue Fliese und setzen Sie diese ein.

5. Einige Minuten trocknen lassen, dann eine neue Fuge mit Fugenmasse rund um die Fliese auftragen.

6. Entfernen Sie überschüssiges Fugenmasse mit einem feuchten Schwamm. Falls alle Fugen gelblich sind, bringen Sie einfach flüssiges Fugenmittel auf.

Hätten Sie es gewusst?

Leinöl ist besonders hygienisch aufgrund der enthaltenen Polyphenole, einem natürlichen Desinfektionsmittel.

▸ **Ceran- und Induktionskochfelder ohne Spuren**

Tragen Sie Putzstein ihn mit einem feuchten Schwamm auf die schwarzen Flecken, lassen Sie ihn einige Minuten einwirken und reiben Sie mit der weichen Seite des Schwamms nach, damit sich das Fett nach und nach löst. Damit das Kochfeld seinen ursprünglichen Glanz zurückerhält, reiben Sie es mit einem Schwamm und Essig-Seifenwasser ein. Nachreiben und polieren.

▸ **Ein glänzender Gasherd**

Wenn die Brenner plötzlich ausgehen, ist es Zeit, den Belag zu entfernen. Lassen Sie sie über Nacht in einem Becken mit Essig einweichen und reinigen Sie sie anschließend mit klarem Wasser. Trocknen Sie sie vorsichtig ab: An den Öffnungen dürfen keinerlei Wasserspuren zurückbleiben.

• **Bei verkrusteten Verbrennungen rund um die Feuerstellen gilt das Gleiche**. Noch besser ist es, rund herum Küchenpapier mit reinem Essig (10 % Säure) auszulegen. Die Nacht über einwirken lassen und morgens alle Verschmutzungen entfernen.

Für den Gasherd einige Tropfen Spritessig auf Ihren Schwamm mit Seifenwasser geben und den Herd entsprechend abreiben.

▸ **Elektrogeräte erhalten ihre Farbe zurück**

Bereiten Sie eine flüssige Paste mit Natron und Wasser zu und geben Sie diese auf die glatten Oberflächen Ihrer Geräte. Etwas antrocknen lassen, dann einfach mit einem sehr sauberen und fusselfreien Tuch nachreiben. Die Farben sind aufgefrischt und Weiß ist wieder Weiß.

▸ **Und die Dunstabzugshaube**

• **Filterprüfung:** Machen Sie die Haube an und legen Sie ein Blatt Küchenpapier darunter. Wenn das Papier herunterfällt, erfüllt die Haube ihre Aufgabe nicht mehr.

• **Ihre Haube ist mit Metallfiltern ausgestattet**. Diese können Sie von Hand mit Wasser und Spülmittel waschen oder in die Spülmaschine geben.

• **Bei einem Kohlefilter:** Doch Sie sollten ihn alle vier Monate austauschen.

▶ Immer klare Spülbecken

• Aus Stein oder Porzellan: Das Spülbecken nützt sich ab und verträgt auch Reiben. Man sollte es nur gut ausspülen, wenn man Scheuerpulver oder Spülmittel verwendet hat. Doch bei einem Spülbecken aus Edelstahl oder Harz sollte man Schabeisen sowie sämtliche kratzenden Materialien vermeiden.

• Das Spülbecken aus Kunstharz muss einfach nur mit Marseiller Seife geputzt werden und anschließend mit einem feuchten Tuch und etwas Terpentinöl und mit einem Schwamm und einer Mischung zur Hälfte aus Wasser und Natron geputzt werden. Kleiner Tipp, mit Mineralwasser glänzt es richtig.

• Für schwierige Flecken auf Edelstahl empfiehlt sich eine Reinigung mit Natron, das mit Wasser (ein Teil Wasser auf drei Teile Natron) verdünnt wird. Wird es mit einem weichen Tuch poliert, ist es satiniert und sauber.

TIPP

Ein Sprung im Keramikspülbecken?

Besorgen Sie sich ein Reparatur-Kit für Emaille, das mit einem Pinsel aufgetragen wird. Diese Kits sind sehr praktisch und werden in den meisten Baumärkten verkauft.

• Bimsen Sie die Oberfläche rund um den Sprung mit einem sehr feinen Schleifpapier ab. Sorgfältig reinigen und trocknen.
• Tragen Sie eine kleine Menge Farbstoff mit der gleichen Farbe der Emaille Ihres Spülbeckens mit einem Spachtel auf.
• Bedecken Sie den gesamten Sprung mit der gerade zubereiteten Füllpaste.
• Bimsen Sie alles vorsichtig ab.

Das Ergebnis ist zufriedenstellen, aber erwarten Sie nicht das Unmögliche. Die reparierte Stelle wird zu sehen sein, denn es ist unmöglich, genau denselben Farbton zu erhalten, wie vorher. Wenn die Stelle abgeschliffen und mit sehr feinem Sandpapier poliert wurde, können Sie versuchen, den Farbton mit Hilfe einer speziellen Emaille-Oberflächenfarbe zu verbessern.

▸ **Wasserhähnen**

• **Aufgrund der Säure ist Zitrone besonders wirkungsvoll gegen Kesselstein**. Reiben Sie Ihre Wasserhähne mit einer halben Zitrone ein, 10 Minuten einwirken lassen, abspülen und trocknen. Falls sich der Kesselstein als hartnäckig erweist, bestreuen Sie die Zitrone vor dem Abreiben mit feinem Salz.

• **Der Wasserhahn tropft ein wenig.** Tauschen Sie die Dichtungen aus, 1 Tropfen Wasser jede Sekunde sind 18 vergeudete Liter pro Tag und 1.600 Liter im Jahr, was 100 Duschvorgängen entspricht!

▸ **Bei verstopftem Abfluss, Vorsicht vor schlechten Gerüchen**

Nach und nach setzen sich in den Rohren des Spülbeckens Abfallreste ab. Damit keine schlechten Gerüche entstehen, ist eine kleine „Peelingkur" notwendig: Mischen Sie einfach ein Glas Waschsoda oder Natron, ein Glas grobes Salz und ein Glas Essig. Schütten Sie alles in den Siphon, lassen Sie es eine gute Stunde einwirken und spülen Sie mit kochendem Wasser nach.

• **Der Siphon ist einmal jährlich fällig.** Dieses S-förmige Rohr unter dem Waschbecken und dem Spülbecken hat die Aufgabe, Wasser in einem Bogen der Abflussrohre zu speichern als Schutz vor schlechten Gerüchen, die aus der Kanalisation aufsteigen. Vergessen Sie die chemischen Produkte zum Auflösen von Unreinheiten, die dort hängenbleiben, denken Sie an die Umwelt. Sie müssen einfach nur den Siphonbehälter aufschrauben (stellen Sie eine Wanne darunter, um das Wasser aufzufangen). Nachdem der Behälter, die Gewindegänge und die Dichtung mit Schmierseife gereinigt wurden, stecken Sie das Gewinde zurück auf den Siphonbehälter und schrauben von Hand zu, indem Sie fest zuziehen, ohne jedoch zu übertreiben, um das Gewinde nicht zu zerquetschen.

☞ Hätten Sie es gewusst?

Fast alle Alltagsgegenstände werden wie ein Marmeladenglas geöffnet, d.h. gegen den Uhrzeigersinn. Da der Siphonbehälter nach unten zeigt, wird er wie ein umgedrehtes Marmeladenglas geöffnet.

• Um sicherzugehen, dass der Siphon dicht ist, legen Sie ein Küchentuch darunter und lassen Sie den Wasserhahn laufen. Falls auch nur ein Tropfen auf dem Küchentuch landet, schrauben Sie den Siphon erneut los und stellen Sie sicher, dass das Gewinde und die Gewindegänge sauber sind.

WOHN- UND ESSZIMMER

Dort isst und spielt man, ruht aus, stapelt Dinge ... Es ist nicht einfach, alles sauber zu halten, doch gibt es natürliche Lösungen für ein strahlendes Ambiente.

▶ Ein Couchtisch aus glänzendem Glas

Die schlimmsten Feinde von Glas sind Kalk und Kratzer. Ein Schwamm mit einigen Tropfen Alkohol 70 % vol. sorgt dafür, dass alle Spuren verschwinden. Die anschließende Pflege mit einem Mikrofasertuch bewirkt neuen Glanz.

▶ Ein Kamin wie neu

Der Innenbereich Ihres Kamins ist schwarz vor Ruß und Sie können Die Flammen durch die Scheibe des Einsatzes nur erraten? Reinigen Sie zuerst den Innenbereich und entfernen Sie die Asche. Dann saugen Sie den Kamin innen aus und bürsten Sie ihn mit einer angefeuchteten Naturhaarbürste und einer Mischung aus einem Liter warmem Wasser und drei Gläsern Essig mit 10 % Säure.

Lamellenrollos und Lattenfenster

💡 **TIPP**

Damit Sie zu ihrem ursprünglichen Glanz zurückfinden, müssen Sie Fett von den Lamellen Ihrer Holz- oder Kunststoffrollos mit einem Tuch und Alkohol 70 % vol. lösen. Befestigen Sie das Tuch mit zwei Gummis an einem Küchenspachtel, denn er passt perfekt zwischen die Lamellen.

• **Die Scheibe eines Einsatzes reinigen**. Entnehmen Sie etwas feine Asche. Formen Sie eine Kugel aus Zeitungspapier, benetzen Sie diese mit lauwarmem Wasser und drücken Sie sie in die Asche. Reiben Sie die Kugel mit kleinen runden Bewegungen auf der Scheibe des Einsatzes. Mit einem feuchten Schwamm mit Spritessig und einigen Gramm grobem Salz reinigen. Mit klarem Wasser abspülen und mit einem fusselfreien Tuch nachreiben.

⚠ ACHTUNG: Denken Sie daran, Ihren Kamin regelmäßig zu entrußen, um die Brandgefahr zu verhindern.

▶ **Saubere Bücher**

Unser Bücherschrank ähnelt einem Flohmarktstand. Das ist der Moment, um zu handeln.

• **Ledereinbände erhalten mit Mehl ihre ursprüngliche Farbe zurück**. Lösen Sie einen Esslöffel Mehl in einem Schälchen mit kalten Wasser auf und reiben Sie die Einbände mit einem mit dieser Mischung benetzten Tuch ab. Abspülen und trocknen. Anschließend, mit farblosem Wachs (reines Bienenwachs) einreiben. Polieren Sie die Einbände mit einem zu einer Kugel geformten Feinstrumpf.

• **Staubiger Buchschnitt?** Absaugen mit der Bürste ist ein Anfang, genügt jedoch nicht. Damit Sie nicht mehr gelblich oder gräulich aussehen, drücken Sie die Bücher eng zusammen und reiben Sie den Buchschnitt mit der flachen Seite einer Nagelfeile ab, dann wird alles wieder weiß.

• **Ein feuchtes Buch reparieren**. Bestreuen Sie jede Seite des Buches mit Puder und legen Sie es anschließend unter einen schweren Gegenstand, um jegliche Verformung zu vermeiden. 24 Stunden liegen lassen, dann vorsichtig über dem Spülbecken ausschütteln.

• **Modergeruch**. Bestreuen Sie die Seiten des Buches mit Natron. Eine Nacht lang einwirken lassen, bevor Sie es über dem Spülbecken ausschütteln.

• **Papier ohne Flecken**. Entfernen Sie Schimmelspuren mit einem Wattebausch, getränkt mit Wasser und Ammoniak (ein Esslöffel Ammoniak auf fünf Esslöffel Wasser). Tintenflecken verschwinden, wenn Sie den Wattebausch mit Wasserstoffperoxid (12 %) tränken. Für Fettflecken nehmen Sie Sommières-Erde, sie saugt sie auf.

▸ **Glanzlose Rahmen aus vergoldetem Holz**

Eier sind nicht nur in der Küche nützlich, sondern frischen auch goldene Farben wieder auf. Nach dem Abstauben des Rahmens tragen Sie mit einem Pinsel eine Mischung aus geschlagenem Eiweiß und einem Esslöffel warmen Essigs auf. Mit einem feuchten Tuch abwaschen und nachreiben.

🛈 **ACHTUNG:** Für auf alt gemachte Vergoldungen sollten Sie lieber einen Fachmann um Rat fragen, der Ihnen ein spezielles Produkt je nach Vergoldung empfehlen kann.

💡 **TIPP**

Glänzende Idee

Kartoffelstärke hat erstaunliche reinigende Eigenschaften. So gibt es nichts Besseres als eine halbierte Kartoffel, um Fingerabdrücke auf Türen und Fensterrahmen sowie auf Lichtschaltern zu entfernen. Sie müssen die Stelle einfach nur mit einer halbierten Kartoffel mit kleinen kreisenden Bewegungen abreiben und mit einem trockenen Tuch nachreiben.

🛈 **ACHTUNG:** Wer Lichtschalter sagt, sollte an Strom und Gefahr denken: Schalten Sie den Strom ab, bevor Sie putzen.

▶ Staubgraue Lampenschirme

Saugen Sie vorsichtig mit der Staubsaugerbürste über den Lampenschirm und Sie werden staunen, wie lichtdurchlässig er dann wird. Ist der Stoff vergilbt, reiben Sie ihn ganz einfach mit einer Kugel aus Brotteig ab.

· **Fleckiger Lampenschirm aus Stoff?** Duschen Sie ihn ab. Wichtig ist, dabei schnell vorzugehen, damit sich der Kleber nicht lösen kann. Mit Hilfe der Handbrause mit warmem Wasser anfeuchten, vorsichtig mit einem speziellen Wollwaschmittel einseifen und abspülen. Mit einem sauberen Handtuch trocknen.

▶ Glückliche Zimmerpflanzen

Ihre Grünpflanzen lassen den Kopf hängen? Zuviel Wasser, nicht genug Licht … Es gibt viele mögliche Gründe, aber haben Sie an Staub gedacht? Sammelt er sich auf den Blättern, dann erstickt die Pflanze nach und nach. In diesem Augenblick bereuen Sie es, einen schönen Ficus wegen seiner Blätter gekauft zu haben, denn es führt kein Weg daran vorbei, jedes Blatt muss abge-

staubt werden. Geben Sie Bier, Speiseöl, Reinigungsmilch oder ein Esslöffel Natron in einen Liter Wasser, die Blätter dann mit Hilfe eines Schwammes abwaschen – danach glänzen sie wunderbar. Ihr Ficus wird es Ihnen danken.

❗ **ACHTUNG:** Natron darf nicht zum Gießen von Zimmerpflanzen verwendet werden.

☞ *Hätten Sie es gewusst?*

Wenn Sie die Möglichkeit haben, gewöhnen Sie sich an, Ihre Pflanzen einmal pro Monat in Ihrer Badewanne oder Ihrer Dusche abzubrausen. Somit verhindern Sie die langwierige Arbeit, Blatt für Blatt abstauben zu müssen.

SCHLAFZIMMER

Das Herzstück ist und bleibt das Bett. Es muss hygienisch top sein!

▶ Frischekur für die Bettwaren

Eine Matratze behält man normalerweise 8 bis 10 Jahre, daher ist es normal, dass die Zeit Spuren und für unsere Augen weniger schöne Flecken hinterlässt. Nutzen Sie einen Sonntagvormittag, um eine Grundreinigung durchzuführen.

• **Waschen und desinfizieren**. Wasserstoffperoxid ist als natürliches, zuverlässiges und wirkungsvolles Desinfektionsmittel bekannt. Sprühen Sie eine Lösung aus 2/3 Wasser und 1/3 Wasserstoffperoxid auf die Matratze. Abreiben und trocknen lassen. Mit einem mit klarem Wasser getränkten Schwamm abspülen. Mindestens 8 Stunden trocknen lassen.

• **Die Matratze ist wirklich sehr fleckig ...** Dann kommen Sie um Ammoniak nicht herum, es ist das wirkungsvollste Mittel. Öffnen Sie die Fenster, tragen Sie Haushaltshandschuhe und eine Atemmaske und vermeiden Sie Spritzer. Reiben Sie Ihre Matratze mit einem feuchten Waschlappen oder einem Schwamm und ein

Ein wohlriechendes Desinfektionsmittel

Für Ihre nun schönen und ganz sauberen Matratzen gibt es für die monatliche Reinigung eine ganz einfache Lösung, die man vorher herstellen kann:

Mischen Sie in einem Zerstäuber 2 Esslöffel Natron und 6 Esslöffel warmes Wasser. Jede Woche, bevor Sie das Bett frisch beziehen, sprühen Sie diese Lösung auf die Matratze und lassen alles eine gute Stunde trocknen. Sie können allem 8 Tropfen ätherisches Teebaum- oder Lavendelöl zugeben. Diese Öle riechen gut, haben aber auch eine hohe desinfizierende Wirkung.

wenig verdünntem Ammoniak (eine Tasse auf eine Salatschüssel warmes Wasser) ab und behandeln Sie vor allem die Flecken. Mit Wasser und einem feuchten und ausgewrungenen Tuch abspülen.

TIPP

Die Stofftiere des Babys

Wenn Sie nicht in die Waschmaschine passen, geben Sie sie in einen Plastikbeutel mit 3 g Natron und knoten Sie den Beutel gut zu. Schütteln und eine Stunde wirken lassen. Nehmen Sie die Stofftiere heraus und bürsten Sie sie gründlich ab.

❶ ACHTUNG: Vorsicht vor zu viel Wasser, es kann in die Matratze eindringen. Nachdem die Matratze einige Stunden getrocknet ist, bestreuen Sie sie mit Natron: Es beschleunigt den Trockenvorgang und vertreibt den Ammoniakgeruch. Kurz bevor Sie schlafen gehen absaugen.

▸ **Schlechte Gerüche im Schrank entfernen**

Katastrophe! Nach vier Wochen Urlaub kommen Sie zurück und stellen fest, dass Sie ein feuchtes Laken im geschlossenen Schrank gelassen haben. Die Folge: Ein unangenehmer Geruch und Schimmelflecken an den Wänden. Aber keine Panik, es kommt alles wieder in Ordnung. Belüften Sie den Schrank und stellen Sie sicher, dass keine verschimmelten Gegenstände mehr im Inneren sind. Reinigen Sie ihn gründlich mit einer Mischung aus Spritessig und Wasser (300 ml Essig mit 10 % Säure, 200 ml Wasser und wegen der desinfizierenden und reinigenden Wirkung fünf Tropfen ätherisches Teebaumöl). Lassen Sie die Türe mehrere Tage geöffnet, damit die Luft zirkulieren kann.

• **Um den unangenehmen Geruch zu bekämpfen,** legen Sie ein kleines Stoffsäckchen mit einigen Stücken Holzkohle aus. Sie absorbieren die Gerüche innerhalb ein oder zwei Tagen. Wenn Sie keine Holzkohle haben, können Sie auch ein kleines Gefäß mit Natron aufstellen, Natron ist ebenfalls ein wirkungsvoller Geruchsabsorber.

❶ ACHTUNG: Ätherisches Teebaumöl nicht in

der Nähe einer schwangeren oder stillenden Frau, Kindern oder Haustieren verwenden.

BADEZIMMER

Schwarze Fugen, glanzlose Fliesen, schwarze Schlieren in der Badewanne und undurchsichtige Scheiben ... Das Badezimmer, Symbol für Reinlichkeit, kann schnell den gegenteiligen Eindruck erwecken. Mit ein wenig Aufwand wird alles sauber und einladend.

▸ **Ein Frischekick für die Emaille- oder Keramikbadewanne**

Wenn die Badewanne älter wird, verliert sie an Glanz. Einfach mit einem Tuch und warmem Spritessig komplett abzureiben. Glänzt sie noch nicht perfekt, reiben Sie sie zuerst mit einer halben Zitrone ab, auf die Sie vorher Salz gestreut haben. Dabei lüften.

• **Braune Flecken rund um den Abfluss?** Bereiten Sie eine Natronpaste zu. Mischen Sie zwei Teile Natron mit einem Teil Wasserstoffperoxid und rühren Sie alles gut an. Tragen Sie die Paste auf die Flecken auf und lassen Sie alles eine halbe Stunde bis eine Stunde einwirken. Reiben Sie die Flecken mit einem weichen Schwamm ab.

Die Fugen alle zwei Jahre erneuern

Schwarze, beschädigte oder verblasste Fugen lassen einen Raum gleich heruntergekommen aussehen. Das regelmäßige Reinigen der Badewannenfugen verlängert die Lebensdauer. Doch irgendwann kommt der Moment, an dem sie erneuert werden müssen.

1. Beginnen Sie mit dem Entfernen der alten Fuge. Entfernen Sie die Reste mit einem Plastikschaber.

2. Lösen Sie Fett mit einem Schwamm mit ein wenig Alkohol 70 % vol.. Alles gut trocknen lassen. Abklebeband entlang der Wand und auf das Email kleben.

3. Fugenmasse mit einer Fugenpistole in einer geraden Linie auftragen.

4. Die Fuge sofort mit einem mit Seifenwasser befeuchteten Finger glätten.

5. Dann das Klebeband entfernen. 24 Stunden trocknen lassen

TIPP

Ein Bad für Bürsten und Kämme

Haare lieben keinen Staub und werden glanzlos, wenn sie mit ihm in Berührung kommen, daher ist es wichtig, saubere Bürsten und Kämme zu verwenden. Hierzu entfernen Sie alle Haare, die sich festgesetzt haben (kämmen Sie die Bürste!) und baden Sie diese Utensilien: Geben Sie eine Mischung zu gleichen Teilen aus Wasser und Essig mit 10 % Säure in ein Becken. Lassen Sie Kämme und Bürsten über Nacht darin liegen. Sie können auch einige Tropfen ätherisches Lavendelöl hinzugeben, das die Eigenschaft hat, Läuse zu vertreiben. Am nächsten Morgen spülen Sie alles mit reichlich lauwarmem Wasser ab.

Ihre Bürste hat einen Griff aus Holz? Vermeiden Sie Essig und verwenden Sie mildes Shampoo. Lassen Sie die Bürste in Ihrem mit Wasser und ein wenig Shampoo gefüllten Waschbecken liegen. Vorsichtig reiben und mit reichlich Wasser abspülen.

• **Sprünge auf der Oberfläche**. Gehen Sie wie beim Keramikwaschbecken (siehe S. 37) vor. Bei Kunstharz muss ein Fachmann her. Die Reparatur erfolgt im Heißverfahren mit einem Material, das identisch mit dem Original ist, sowohl in der Beschaffenheit als auch in der Farbe. Dies kostet um die 100 Euro.

• **Emaille abgenutzt,** Loch in der Badewanne? Sie haben ein zu aggressives Produkt verwendet und die Badewanne ist rau: Die Emaille wurde weggeätzt. Man kann Emaille wieder auftragen. Die Technik ist heikel, man sollte sich eher an einen Fachmann wenden. Ein Fachmann schlägt Ihnen vielleicht eine Kunstharzschicht vor oder aber die Investition in eine neue Badewanne.

• **Die Badewanne restaurieren**. Ihre alte Badewanne ist porös, beschädigt und glanzlos? Sie können Sie anstreichen! Beizen Sie sie heiß ab und behandeln Sie sie anschließend mit feinem Schleifpapier. Reinigen Sie sie mit Marseiller Seife, anschließend spülen Sie sie gut ab und lassen alles trocknen.

Mühelos den Duschkopf entkalken

Füllen Sie eine Gefriertüte mit Essig mit 10 % Säure, geben Sie den Duschkopf hinein und verschließen Sie den Beutel mit einem Gummi. Lassen Sie den Duschkopf eine Stunde darin liegen.

Tragen Sie mit der Lackrolle die erste Farbschicht auf. Sobald der Anstrich getrocknet ist, tragen Sie eine zweite Schicht auf und lassen diese mindestens vier Tage trocknen. Wie jede Lackierungsarbeit ist dieser Vorgang heikel und selten perfekt.

▶ **Duschvorgang mit Flecken**

Ihr Duschvorhang ist mit schwarzen Flecken übersät? Das ist kein Grund dafür, ihn wegzuwerfen. Sie können diese Schimmelflecken entfernen, wenn Sie sie kräftig mit der kratzenden Seite eines Schwamms und mit warmem Essig abreiben. Anschließend können Sie ihn bei 30 °C und mit drei Esslöffel Natron (75 g) in der Waschmaschine waschen. Bevor Sie den Duschvorhand aufhängen, legen Sie ihn in stark gesalzenes Wasser, so verhindern Sie, dass erneut Schimmel entsteht.

▶ **Wandfliesen und Duschabtrennung**

Ihr Fliesen glänzen nicht mehr, Ihre Duschwand ist undurchsichtig geworden? Daran ist dieser verdammte Kalk schuld. Es gibt zahlreiche Lösungen, Sie müssen nur diejenige finden, die Ihnen am besten behagt.

Mit Schmierseife entfernt man Fett und Kalkspuren, wenn diese noch nicht verkrustet sind. Doch Vorsicht bei der Dosierung: Ein Tropfen Schmierseife in einem Schüsselchen warmem Wasser genügt, sonst kann es Schlieren geben. Schmierseife hat einen Vorteil: Es legt sich ein leichter Film auf die Oberfläche und Kalk kann sich nicht mehr festsetzen. Ein feuchter Schwamm mit Natron führt ebenfalls zu einem guten Ergebnis. Essig mit 10 % Säure ist viel kraftvoller und bekämpft die hartnäckigsten Spuren. Farbige Fliesen sollte man eher kalt reinigen. Auch bei verkrustetem Kesselstein testen: Zitrone mit grobem Salz. Hierzu einfach die gesamte Oberfläche und sogar die Fugen abreiben. Alle diese Produkte werden mit Wasser gereinigt. Denn das Schönheitsrezept aller Oberflächen, die mit Wasser in Kontakt kommen ist gutes Trocknen, vorwiegend mit Hilfe eines Mikrofasertuches.

• **Schöne weiße Fugen**. Mit Zahnpasta werden sie weiß. Es genügt eine haselnussgroße Menge Zahnpasta auf der Zahnbürste, um die Fugen damit abzubürsten. Anschließend abspülen. Haben die Fugen sehr schwarze

TIPP

Besser für Ihr WC als für Ihre Gesundheit?

In Ihrem Coca-Cola® ist keine Kohlensäure mehr? Schütten Sie es in die Toilette. Es ist ein unvergleichlicher Kalklöser!

Flecken, mischen Sie 4 Esslöffel Natron mit 10 cl Spritessig (10 % Säure) in einem Zerstäuber und sprühen Sie das Mittel auf die Fugen. 24 Stunden einwirken lassen und dann abspülen.

▸ Gepflegte Toiletten

Alles sieht in der Wohnung, in der Sie gerade eingezogen sind, schön aus, wenn da nicht die wenig einladenden Toiletten mit schwarzen Schlieren und gelben Ablagerungen wären. Sie brauchen kein neues WC zu kaufen, auch hier eilen Ihnen natürliche Produkte zu Hilfe.

• **Gelbe Spuren**. Eine Handvoll Waschsoda oder einen Esslöffel Natron hineingeben und dann müssten die schwarzen Ablagerungen innerhalb von fünf Minuten verschwunden sein. Falls die Spuren hartnäckiger sind, ziehen Sie das Wasser mit Hilfe der Spülung und der Klobürste ab und leeren Sie heißen Essig hinein, den Sie die Nacht über einwirken lassen. Am Morgen ist nichts mehr zu sehen.

• **Die Hammermethode:** Geben Sie 3 Esslöffel Natron, 3 Esslöffel feines Salz, 25 cl Spritessig sowie kochendes Wasser in das Becken. Lassen Sie alles einige Minuten einwirken und reiben Sie mit der Klobürste nach.

• **Bei schwarzen Flecken** entlang des Wasserablaufs sprühen Sie etwas reinen Essig auf die Stelle, an der sich die Spuren befinden, sodass Küchenpapier dort kleben bleibt. Besprühen Sie das Papier einige Male. Mindestens eine Stunde einwirken lassen.

• **Damit Sie nicht noch einmal von vorne beginnen müssen.** Wenn Sie zwei gewaschene Austernschalen in den Behälter der Wasserspülung legen, absorbieren diese den ganzen Kalk, der sich dort befindet. Ein guter Grund, sich die Freude zu machen und eine Platte mit Meeresfrüchten zu genießen.

BÖDEN

Man tritt auf ihnen herum, es gibt Flecken, sie werden zerkratzt ... da ist es normal, dass sie mit der Zeit ihr elegantes Aussehen einbüßen. Doch mit ein paar Handgriffen und sorgfältig ausgewählten Mitteln werden sie wieder ansprechend aussehen.

▶ **Ein glatter Linoleumboden**

Holz,- Beton-, Stein-, Fliesenimitation – die neuen Kunststoff- oder PVC-Beläge wirken toll, solange sie nicht fleckig oder matt sind. Das erste, was man zum Auffrischen dieser Flächen macht, ist das Lösen von Fett mit Hilfe von Wasser, Essig mit 10 % Säure und Savon de Marseille.

❗ ACHTUNG: Diese Beläge vertragen keine Scheuermittel, Javelwasser, Aceton oder, Schmierseife.

• **Flecken entfernen**. Verbrennungen, Kaffee, Kerzen, Wachs, Kleber ... Auch hier greift Natron wieder durch und wird zum „Meister Proper". Hierfür reicht eine Handvoll. Anschließend mit einem feuchten Schwamm reiben, abspülen und trocknen.

Fan ätherischer Öle

Einige ätherische Öle töten Milben. Sie können mit einer Mischung aus 1,5 l Wasser, dem Saft zweier Zitronen und zwei Esslöffeln ätherischem Lavendel- oder Minzöl eine Anti-Milben-Lösung herstellen. Besprühen Sie damit Ihren Teppichboden, Ihre Matratze und alle potentiellen Milbenherde und lassen Sie alles trocknen.
❗ ACHTUNG: *Im Raum dürfen sich zwei Stunden lang keine Kinder, schwangeren Frauen oder Haustiere aufhalten. Gut lüften.*

• **Zum Schutz**. Leinöl ist eines der Hauptbestandteile von Linoleum. Es eignet sich daher perfekt zum Schutz Ihres Bodens. Geben Sie eine kleine Menge Leinöl in konzentrischen Kreisen mit einem Lappen direkt auf Ihren Boden. Warten Sie einige Minuten und polieren Sie mit einem weichen Tuch nach. Das Öl pflegt und repariert Risse. Falls Ihr Boden sich an einer Stelle wirft, stellen Sie, nachdem Sie das Öl aufgetragen haben, einen schweren Gegenstand darauf, dann nimmt er innerhalb von 12 Stunden seine alte Form wieder an.

• **Zum Glänzen bringen**. Schlagen sie zwei Eigelb auf und mischen Sie diese mit einem Liter Wasser. Tragen Sie diese Mischung gleichmäßig auf den Boden auf, trocknen lassen und nicht abspülen. Garantierter Glanz!

• **Eine Schramme?** Hierzu brauchen Sie einen Radiergummi mit einer blauen Seite. Damit reiben Sie über die Schramme, bis sie verschwunden ist.

▶ **Ein frischer Teppichboden**

Ihre Hustenanfälle haben vielleicht etwas mit dem Teppichboden zu tun. Milben, die Herde für Atemwegsallergien, fühlen sich auf diesem Bodenbelag wie zuhause. Natron ist bekannt als Insektizid und entfernt unangenehme Gerüche und belebt Farben. Streuen Sie Natron einfach über Ihren Teppichboden und lassen es eine gute Stunde einwirken, bevor Sie es mit dem Staubsauger entfernen.

• **Fleckiger Teppichboden?** Zur Tiefenreinigung mischen Sie zwei Teile Mineralwasser mit einem Teil Spritessig, geben die Mischung auf die Flecken und reiben diese mit einer Naturhaarbürste ab. Bei hartnäckigen Flecken verwenden Sie reinen Essig.

• **Falls Möbelfüße einen Abdruck hinterlassen haben,** legen Sie ein feuchtes Bügeltuch auf und fahren mit einem warmen Bügeleisen darüber. Anschließend bürsten Sie gegen den Strich und die Abdrücke verschwinden.

TIPP

Hilfe, mein Parkettboden knarrt!

Um dem entgegenzuwirken, geben Sie Puder oder geschmolzenes Paraffin zwischen die Holzlatten. Einige Schreiner geben Flocken aus Savon de Marseille hinein.

▶ **Parkett aus rohem, lackiertem oder gewachstem Holz**

Massive Parkettböden sind unvergleichlich in Geruch und Patina, aber sehr empfindlich! Beim geringsten Tropfen Wasser oder heißen Gegenstand erscheint eine hässliche graue oder schwarze Spur.

• **Stufe 1: Freilegen.** Mit Maske und Handschuhen ausstatten und mit Stahlwolle immer in Richtung der Holzmaserung arbeiten. Sobald die Oberfläche gereinigt ist, saugt man Staub mit dem Staubsauger ab. Bei einer sehr großen Fläche können Sie das Wachs auch mit Terpentinöl entfernen.

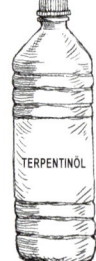

• **Stufe 2: Reparieren**. Egal ob Loch oder Spalte, es muss gestopft werden. Hierzu besorgen Sie sich Holzpaste. Mithilfe eines Spachtels die Zwischenräume füllen. Lassen Sie alles mehrere Stunden trocknen, wie bei der Gebrauchsanleitung für Holzpaste beschrieben. Dann schleifen Sie die Stelle ab. Anschließend gehen Sie mit dem Staubsauger darüber.

• **Stufe 3: Nur noch wachsen**. Nehmen Sie lieber ein solides Wachs, das Sie im Wasserbad schmelzen lassen. Das Geheimnis der Schreiner sind zwei dünne Wachsschichten anstatt einer einzigen dicken Schicht. Während des Auftragens wischen Sie die Wachsschicht mit einem sauberen und fusselfreien Tuch ab. 24 Stunden trocknen lassen. Für ein perfektes Ergebnis tragen Sie anschließend eine zweite Wachsschicht auf. Verfahren Sie hier ebenso wie bei der ersten Schicht und warten Sie noch 24 Stunden. Polieren Sie den Parkettboden anschließend mit kreisrunden Bewegungen mit einem Wolltuch oder einem Schaffell. Ideal wäre es, den Boden 48 Stunden nicht zu betreten.

❶ **ACHTUNG:** Beginnen Sie an dem Ende gegenüber der Tür, damit Sie dann ohne über das Wachs zu gehen das Zimmer verlassen können.

▶ **Versiegeltes Parkett**

Ihr versiegeltes Parkett ist matt und an manchen Stellen schwarz. Lösen sie eine Verschlusskappe Schmierseife in einer großen Menge warmem Wasser auf. Nehmen Sie ein Mikrofasertuch oder einen Putzlappen, befeuchten Sie ihn etwas mit der Mischung und reinigen Sie Ihren Parkettboden. Abspülen und polieren. Falls dieser Reinigungsvorgang nicht ausreicht, fügen Sie etwas Spritessig hinzu, spülen den Boden ab und reiben schnell nach. Verwenden Sie keinesfalls einen harten Schwamm, sonst kann es Kratzer geben. Falls die schwarzen Spuren nicht verschwinden, gibt es nur eine Lösung: Abschleifen und neu versiegeln.

Stellen Sie Ihre eigene Holzpaste her 💡 TIPP

Hierzu müssen Sie einfach den Holzstaub beim Abschleifen des Fußbodens einsammeln und ihn mit Holzkleber mischen. Verwenden Sie die Paste tagsüber, denn sie trocknet schnell.

▸ Geöltes Parkett

Geölter Parkettboden hat den Vorteil, dass er vor Flecken und Schmutz geschützt ist und nur wenig Pflege benötigt. Achtung, Wasser ist verboten, es kann einen geölten Parkettboden gräulich werden lassen. Der Boden muss nur regelmäßig mit einem leicht feuchten Mopp abgestaubt werden. Falls Ihr geölter Parkettboden gräulich aussieht, dann sollte man ihm vielleicht eine frische Ölschicht geben. Denn ein Parkettboden sollte alle 6 Monate, spätestens nach einem Jahr geölt werden, je nach Art von Öl und Verwendung des Parketts.

• **Verdammt, er hat Flecken.** Sofort abwischen. Falls der Fleck bereits getrocknet ist, nehmen Sie einen leicht feuchten Schwamm mit lauwarmem Wasser und zwei Tropfen Schmierseife.

▸ Glänzende Fliesen

Ihr Fliesenboden glänzt nicht mehr? Fahren Sie schweres Geschütz auf und verpassen Sie ihm eine Schockbehandlung mit einer Paste aus Natron und Wasser zu gleichen Teilen. Auftragen, eine Stunde einwirken lassen und mit klarem Wasser abspülen. Falls Sie Kartoffeln für eine Mahlzeit gekocht haben, verwenden Sie das Kochwasser, es ist ein wunderbarer Fliesenreiniger. Schütten Sie es warm auf Ihren Fliesenboden und passen Sie auf, dass Sie

sich nicht verbrennen. Reiben Sie mit einer Naturhaarbürste, warten Sie zehn Minuten, bis die Stärke das Fett absorbiert hat, spülen Sie mit einem Bodentuch nach und trocknen Sie den Boden.

• **Rostflecken?** Kein Fleck widersteht der Mischung aus Zitrone und Salz. Bedecken Sie den Fleck mit Zitronensaft und bestreuen Sie ihn mit feinem Salz. Eine gute Stunde einwirken lassen. Danach abreiben und abspülen.

— ◆ —

WÄNDE

Egal ob Tapete oder Farbe, Wandverkleidungen im Haus müssen permanent gepflegt werden. Trotz allem kann es schnell zu einem Missgeschick kommen. Schnell müssen dann Lösungen her.

▸ Tapeten – Vorsicht empfindlich

Es gibt mehrere Tapetenqualitäten: abwaschbare, nicht abwaschbare, Vinyl, Vliesvinyl.

• **Bei abwaschbaren Tapeten und auch Vliesvinyl ist das Renovieren einfach**. Seifen Sie die Wand mit einer Mischung aus lauwarmem Wasser und Savon de Marseille ein. Achtung, nehmen Sie dennoch nicht zu große Mengen Wasser. Befeuchten Sie den Schwamm und wischen Sie die Tapete ohne zu reiben ab. Anschließend mit klarem Wasser abwaschen.

• **Die anderen Tapetenarten vertragen kein Wasser,** man darf sie lediglich mit einem Mikrofasertuch entstauben.

• **Flecken entfernen**. Bei abwaschbaren Tapeten kann man einfach Seifenwasser verwenden. Muss man jedoch eine Trockenreinigung durchführen, dann ist guter Rat teuer. Fingerabdrücke verschwinden, wenn Sie diese vorsichtig mit frischer Brotkrume oder einem weißen Radiergummi abreiben. Fettflecken werden mit Puder oder Sommières-Erde absorbiert. Betupfen Sie den Fleck mit Puder, damit es hängenbleibt, und warten Sie mindestens zehn Stunden, bevor Sie es entfernen.

▸ **Fleckfreier Anstrich**

Die meisten matten oder satinierten Farben vertragen das Reinigen, sofern man die Wand nicht mit Wasser tränkt und nicht reibt.

• **Flecken behandeln**. Weißer Radiergummi entfernt fast alle Spuren, die Stärke einer halbierten Kartoffel löscht Fingerabdrücke und Staubspuren und mit Putzstein wird man den meisten hartnäckigen Flecken

 Ein Kratzer auf einer frisch tapezierten Tapete

Ein Stück der Tapete ist abgerissen. Da gibt es nur eine Lösung: Die Bahn austauschen.

1. Nun beginnt der schwierige Teil: Die Bahn abmachen, ohne die angrenzenden Tapetenbahnen abzulösen. Lösen Sie zwei oder drei Esslöffel Waschsoda in einem Eimer warmem Wasser auf. Befeuchten Sie die Tapete durch Abtupfen mit einem Schwamm und der vorbereiteten Mischung. Achtung, die angrenzenden Bahnen nicht berühren. Gehen Sie vorsichtig vor, betupfen Sie sie weiter, bis sich die Tapete löst. Lösen Sie sie

vorsichtig von der Wand. Sobald die Bahn abgezogen ist, reinigen und trocknen Sie den Teil der Wand.

2. Bereiten Sie Tapetenkleister vor und schneiden Sie die Tapetenbahn entsprechend zu. Dann kleistern Sie die Tapetenbahn ein und achten dabei auf die Ränder. Kleben Sie die Bahn auf, dabei soll sie gut mit den angrenzenden Bahnen abschließen.

3. Aufziehen und dann mit dem Finger ohne zu Drücken über die Ränder gleiten, um alles gut anzudrücken.

Herr. Bleiben noch die Kuli- oder Tinten-flecken, die man durch leichtes Abtupfen mit einem Tuch entfernen kann, das mit Brennspiritus benetzt wurde, oder einfach indem man leicht mit einem Tuch reibt, auf das eine haselnussgroße Menge Zahnpasta aufgetragen wurde. Fettflecken werden mit Sommières-Erde entfernt (siehe Abschnitt Tapeten, S. 52).

❶ ACHTUNG: Falls der Fleck breitflächig ist, kann es sein, dass die Reinigungsrän-der sichtbar werden. Und dann gibt es nur noch eine Alternative: Reinigen Sie die ganze Wand. Mischen Sie drei Esslöffel Waschsoda mit einem Liter warmem Was-ser. Reinigen Sie die Wände mit Hilfe eines großen Schwamms. Beginnen Sie unten an der Wand, damit Schmutzschlieren nicht über die gereinigte Wand laufen. Mit kla-rem Wasser abwaschen.

💡 TIPP

Eier für mehr Glanz

Tragen Sie mit einem breiten Pinsel eine feine Schicht geschlagenen Eischnee auf das Holz auf. Trocknen lassen. Dann mit einem weichen Tuch polieren. Die Möbel glänzen, als wären sie ganz neu ..

GARTENMÖBEL

Sonne, Regen, jodhaltige und schmutzige Luft … Unsere Gartenmöbel werden Tag für Tag attackiert. Ab einem bestimmten Moment ist dies zu sehen, doch gibt es ganz einfache Lösungen.

▸ **Teakmöbel**

Damit die Möbel ihre ursprüngliche Farbe zurückerhalten, reiben Sie sie mit einer Bürste und reiner Schmierseifenpaste ab. Mit klarem Wasser nachspülen und an der frischen Luft trocknen lassen. Dann ölen Sie die Möbel mit Teaköl oder Leinöl ein.

▸ **Ein Außenwohnzimmer aus Kunststoff**

Entstauben Sie Ihre Kunststoffmöbel mit einem trockenen Mikrofasertuch. Entfer-nen Sie Sonnencreme- oder Speiseflecken mit einem feuchten Schwamm und flüssi-ger Schmierseife. Ein hartnäckiger Fleck? Reiben Sie ihn mit der Brüste und mit konzentrierterer Schmierseifenpaste ab. Ihre weißen Kunststoffmöbel werden grau-lich? Bürsten Sie Sie mit Wasser und einigen Tropfen Wasserstoffperoxid ab und spülen Sie anschließend mit reichlich klarem Wasser nach.

▸ Ein Außenwohnzimmer aus Kunststoff

· **Entstauben Sie Ihre Kunststoffmöbel** mit einem trockenen Mikrofasertuch. Entfernen Sie Sonnencreme- oder Speiseflecken mit einem feuchten Schwamm und flüssiger Schmierseife. Reiben Sie hartnäckige Flecken mit der Brüste und mit konzentrierterer Schmierseifenpaste ab. Bei gräulichen Verfärbungen die Möbel mit Wasser und einigen Tropfen Wasserstoffperoxid abbürsten und anschließend mit reichlich klarem Wasser nachspülen.

▸ Rattanmöbel

· **Falls die Rattanmöbel gelblich geworden sind,** reinigen Sie sie zuerst mit Seifenwasser. Geben Sie warmes Wasser in eine Salatschüssel und fügen Sie zwei bis drei Tropfen Schmierseife hinzu. Zum Bleichen der Möbel bürsten Sie sie mit einer Naturhaarbürste und mit stark salzhaltigem Wasser ab. Reinigen Sie anschließend mit klarem Wasser nach, um das Salz zu entfernen. Trocknen lassen und mit einem weichen Tuch nachreiben.

▸ Eine Holzterrasse

· **Nehmen Sie Ihren Schrubber,** tauchen Sie ihn in einen Eimer mit einer Mischung aus fünf Liter lauwarmem Wasser und einer Verschlusskappe Schmierseife und reiben Sie die Terrasse ab. Mit der Schmierseife werden Schimmelpilzen und andere Flecke ganz

Schimmelflecken auf dem Stoff? 💡 TIPP

Mischen Sie einen Esslöffel Maisstärke, eine haselnussgroße Menge Schmierseifenpaste, den Saft einer Zitrone und einen Kaffeelöffel Salz. Auftragen, trocknen lassen. Abbürsten, mit Essigwasser abspülen (zwei Esslöffel auf sechs Tassen Wasser) und an der Luft trocknen lassen.

leicht entfernt. Danach unbedingt gut mit klarem Wasser nachspülen und mit einem Bodentuch gut trocknen.

❗ **ACHTUNG:** Vermeiden Sie den Dampfdruckreiniger, der über längere Zeit die Holzoberfläche zerstört.

▸ Fleckenfreie Liegestühle

· **Zwei Esslöffel Schmierseife** in einem Eimer warmem Wasser, eine weiche Naturhaarbürste und auf geht's – reiben Sie den Stoff Ihres Liegestuhls damit ab. Mit klarem Wasser reinigen und trocknen lassen.

▸ Schmiedeeisen in ganzer Schönheit

· **Das Schmiedeeisen** mit Schwamm und Schmierseife (2 Esslöffel auf einen Eimer Wasser) reinigen, nachspülen und vor allem trocknen, um Rost zu vermeiden.

ANHANG

EINSTUFUNG UND KENNZEICHNUNG VON CHEMIKALIEN

Um das Internationale System der Einstufung und Kennzeichnung* von Chemikalien zu harmonisieren, gibt es seit 1. Juni 2015 eine neue Kennzeichnungspflicht für alle Gemische (und seit Dezember 2010 für alle Stoffe). Jedoch gilt eine Übergangsfrist für die Produkte, die sich bereits auf dem Markt befinden. Das bedeutet, dass bis Mai 2017 alte und neue Kennzeichnung koexistieren.

* Europäische Verordnung Nr. 1272/2008 über die Einstufung, Kennzeichnung und Verpackung.

• **Wozu ist das gut?** Die Einstufung von Chemikalien soll den Verbraucher über die von chemischen Stoffen und Gemischen ausgehenden Gefahren sowie über deren Auswirkungen auf Gesundheit und Umwelt informieren.

❶ **ACHTUNG:** Beachten Sie bei der Anwendung eines Produkts immer die Gebrauchsanweisung.

DIE GEFAHREN FÜR DIE UMWELT

ALTE SYMBOLE	NEUE SYMBOLE	GEFAHR	VORSICHTSMASSNAHMEN
		GEFÄHRLICH FÜR DIE OZONSCHICHT: Der Stoff zerstört die Ozonschicht	Nicht in der Umwelt entsorgen
		GEFÄHRLICH FÜR WASSERORGANISMEN: Das Produkt verschmutzt die Umwelt und hat (kurz- oder langfristig) schädliche Auswirkungen auf Wasserorganismen	Nicht in der Umwelt entsorgen

PHYSIKALISCHE GEFAHREN

ALTE SYMBOLE	NEUE SYMBOLE	GEFAHR	VORSICHTSMASSNAHMEN
		EXPLOSIV: Das Produkt kann beim Kontakt mit einer Flamme, Funken, statischer Elektrizität, Druck oder Reiben explodieren	Von Hitzequellen und sonstigen Funkenquellen fernhalten
		GAS UNTER DRUCK: Das Produkt kann unter Hitzeeinwirkung (komprimierte Gase, Flüssiggase und flüssigen Kühlmitteln gelöste Gase) explodieren • Es kann Kälteverbrennungen- und verletzungen verursachen (flüssige Kühlmittel)	Vor Sonneneinstrahlung schützen • Hautkontakt vermeiden
		ENTZÜNDBAR: Das Produkt kann sich beim Kontakt mit einer Flamme, statischer Elektrizität, unter Hitzeeinwirkung, bei Reibungen, beim Kontakt mit Luft oder Wasser durch das Freiwerden von entzündlichen Gasen entzünden	Von Hitzequellen und sonstigen Funkenquellen fernhalten
		BRANDFÖRDERND: Das Produkt kann einen Brand hervorrufen oder verstärken • Es kann unter Vorhandensein entzündlicher Produkte eine Explosion hervorrufen	Von Hitze, Kleidung und sonstigen brennbaren Stoffen fernhalten
		KORROSIV: Das Produkt ist ätzend • Es kann Metalle angreifen (verätzen) oder zerstören	Von Hitzequellen und sonstigen Funkenquellen fernhalten

GEFAHREN FÜR DIE GESUNDHEIT

ALTE SYMBOLE	NEUE SYMBOLE	GEFAHR	VORSICHTSMASSNAHMEN
		GEFÄHRLICHE FÜR DIE GESUNDHEIT: Wirkt in hoher Dosierung giftig • Kann die Haut, Augen, Atemwege reizen • Kann zu Hautallergien führen • Kann Schläfrigkeit und Benommenheit verursachen	Jeglichen Kontakt mit dem Produkt vermeiden
		GIFTIG ODER TÖDLICH: Das Produkt kann schnell zum Tod führen • Ist hochgiftig, auch in geringen Mengen	Schutzausrüstung tragen • Jeglichen Kontakt vermeiden (Mund, Haut, Einatmen) und nach Nutzung sorgfältig die betroffenen Stellen reinigen
		KORROSIV: Das Produkt kann zu Hautverbrennungen und Augenverletzungen bei Kontakt oder Spritzern führen	Jeglichen Augen- und Hautkontakt vermeiden, nicht einatmen
		SEHR GEFÄHRLICH FÜR DIE GESUNDHEIT: Produkt kann krebserregend sein • Kann die DNA verändern • Kann die Fruchtbarkeit beeinträchtigen oder dem Fötusschaden • Kann die Funktionsweise mancher Organe beeinträchtigen • Kann bei der Einnahme und dem Eindringen in die Atemwege tödlich sein • Kann zu Atemproblemen oder allergischen Atemwegserkrankungen (Asthma) führen	Eine Schutzausrüstung tragen • Vor Verwendung die Anleitung lesen • Jeden Kontakt mit dem Produkt vermeiden • und nach der Nutzung sorgfältig die entsprechenden Stellen reinigen

59

Wichtige Notrufnummern

▸ Mit dem Mobiltelefon

112: Einheitliche Notrufnummer im gesamten europäischen Gebiet, empfohlen im Inland sowie auf Auslandsreisen.

▸ Aus dem Festnetz

112: Notarzt und Feuerwehr erreichen Sie gebührenfrei über die Notrufnummer 112

▸ Österreich

114: Die Notrufnummer für Rettungseinsätze
+431 (0) 406 43 43: Vergiftungsnotruf

▸ Schweiz

144 oder 112: Den Rettungsdienst erreichen Sie über beide Nummern
+41 (0) 44 251 51 51: Vergiftungsnotruf

▸ Giftnotrufzentralen und Toxikovigilanz

Die acht Giftinformationszentren (GIZ) der deutschen Bundesländer sind überwiegend an Universitätskliniken angesiedelt. Sie dienen als toxikologische Informationsdienste (Giftnotrufe) und sind 24 Stunden an 7 Tagen die Woche erreichbar.

DEUTSCHLAND

· Berlin: Giftnotruf der Charité (BE, BB)
Tel.: 030/19240, mail@giftnotruf.de

· Göttingen: GIZ-Nord der Länder HB, HH, NI, SH
Tel.: 0551/19 240, giznord@giz-nord.de

· Bonn: Informationszentrale gegen Vergiftungen (NRW) Tel.: 0228/19240, gizbn@ukb.uni-bonn.de

· Homburg: Informations- und Beratungszentrum für Vergiftungsfälle (SL) Tel.: 06841/19240, giftberatung@uniklinikum-saarland.de

· Erfurt: GIZ der Länder MV, SN, ST, TH
Tel.: 0361/730 730, ggiz@ggiz-erfurt.de

· Mainz: GIZ der Länder RP, HE
Tel.: 06131/19240, mail@giftinfo.uni-mainz.de

· Freiburg: Vergiftungs-Informations-Zentrale (BW)
Tel.: 0761/19240, giftinfo@uniklinik-freiburg.de

· München: Giftnotruf München (BY)
Tel.: 089/19240, tox@lrz.tu-muenchen.de

ÖSTERREICH

· Wien: Vergiftungsinformationszentrale
Tel.: 0043 (0)1/4064343, viz@meduniwien.ac.at

SCHWEIZ

· Zürich: Schweizerisches Toxikologosches Informationszentrum Tel.: 0041 (0)44/2515151, info@toxi.ch

(Stand: Oktober 2015)

Hier erfahren Sie mehr:
Bundesamt für Verbraucherschutz und Lebensmittelsicherheit, http://www.bvl.bund.de/DE/Home/homepage_node.html

SACHREGISTER

Die notwendigen Mittel

Allesreiniger
Natron 5,8,10,20,24/25, 28, 34-40, 42-45, 47-50
Putzstein 8, 22, 26, 34-36, 53

Bleichmittel
Natriumperkarbonat 12
Waschsoda 12, 20, 21, 30, 38, 48, 53, 54
Wasserstoffperoxid 12, 28, 31, 41, 43, 45, 54/55

Die Unerwarteten
Apfelessig 26
ätherisches Öl (Zitrone, Lavendel, Teebaum) 9, 14, 43, 44, 46,
Backpulver 28
Bier 25, 42
Brennspiritus 14, 54
Brotkrume 28, 53
Coca-Cola® 26, 48
Ei (Eigelb, Eiweiß und Schale) 22, 27, 41, 48, 54
Kaminasche 39/40
Kartoffel 22, 25, 41, 52/53
Knoblauch 25
Kork 19, 25

Speiseöl 25, 29, 42
Leinöl 14, 35, 36, 49, 54
Maizena® (Maisstärke) 13, 20
Mehl 13, 23, 40
Milch 19, 28, 34
Olivenöl 11, 14, 18, 20
Puder 8, 13, 30, 31, 40, 50, 53
Salz (fein und grob) 5, 10, 23, 24, 27, 28, 38, 40, 45, 47, 48, 52, 55
Tee 12, 19
Zahnpasta 20, 22, 27, 28, 29, 34, 47, 54
Zeitungspapier 15, 23, 24, 40
Zigarettenasche 22, 27-29
Zwiebel 26, 28

Entkalker
Essig
Spritessig mit 10 % Säure 9, 21-23, 25,28, 34, 36, 39-41, 44-51, 53,55
Zitrone 10, 18, 23/24, 26, 28-29, 35-36, 38, 45, 47, 49, 52, 55

Fleckentferner
Alkohol 14-15, 31, 35, 39-40, 45
Ammoniak 13, 41, 43, 55
Schlämmkreide 15, 24-25, 28, 30-31

Sommières-Erde 13, 18, 31, 35, 41, 53
Terpentinöl 14, 19-20, 31, 35, 38, 51

Hausgemachte Mittel
Anti-Milbenlösung mit ätherischen Ölen 49
Holzpaste 51
Minutenbad für Silberschmuck 27
Orangenessig 9
Scheibenreiniger 22
Wohlriechendes Desinfektionsmittel 43
Zitronenlotion 18

Scheuermittel
Savon de Marseille 49, 50, 53
Schmierseife 11, 18, 29, 30-31, 34, 38, 47, 49, 51, 52, 54-55,

Pflegen und renovieren – Materialien, Gegenstände und das Haus

Bleichen
Buchschnitt 41
Elfenbein 29
Fugenfliesen 34, 48

Gartenmöbel aus Kunststoff 54
Gartenmöbel aus Rattan 54
Haushaltsgeräte 37
Stoff von Lampenschirmen 41

Desinfizieren
Bettwaren 43, 49
Kopfkissen 49
Matratze 43, 49
Teppichboden 49-50

Farben intensivieren und auffrischen
Goldene Farbe auf Holzrahmen 41
Gusseisen 26
Gusseiserner Topf 26
Haushaltsgeräte 37
Ledereinband von Büchern 40
Teakmöbel 54
Teppichboden 50

Fleckentfernung
Abfluss 46
Arbeitsplatte aus Granit 36
Böden 49-50, 52
geöltes Parkett 52
Holzterrasse 55
Linoleum 49
Teppichboden 50
Glasvase 22
Marmor 31

Matratze **43**
Spülbecken aus
  Edelstahl **38**
Stoff der
  Lampenschirme **42**
Stoff eines Liegestuhls
  55
Toiletten **47-48**
  gelbe Streifen **48**
  schwarze Streifen **47**
Wände **52-53**
  gestrichene Wände **52**
  Tapete **52**

**Fleckentfernung,
  Flecken und Spuren
  entfernen**
Angebranntes
auf einem Gasherd **36**
Fett
  auf der Arbeitsplatte
    aus geöltem Holz **34**
  auf einem Buch **41**
  auf einer
    gestrichenen Wand
    53
  auf gewachstem
    Holz **18**
  auf rohem Holz **18**
  auf Marmor **31**
  auf der Tapete **53**
Fingerabdrücke
  auf dem Fenster-
    rahmen **41**
  auf einer gestrich-
    enen Wand **53**

auf einem
  Lichtschalter **41**
auf der Tapete **52**
auf einer Tür **41**
Grünspan
  auf Bronze **24**
  auf Metallen **23**
Lebensmittel
  auf Gartenmöbeln
    aus Kunststoff **54**
Korrosion
  auf Zinn **25**
Rost
  auf Zinn **25**
  auf Edelstahl **27**
  auf Fliesen **52**
  auf Chrom **27**
  auf Marmor **31**
Schimmelpilz
  auf einem Buch **41**
  auf einem
    Duschvorhang **47**
  auf Fliesenfugen **48**
  auf einer Holzterrasse
    55
  in einem Schrank **44**
  auf dem Stoff eines
    Liegestuhls **55**
Sonnencreme
  auf Gartenmöbeln
    aus Kunststoff **54**
Tinte
  auf gewachstem
    Holz **19**
  auf Marmor **31**
  auf einem Buch **41**

auf einer gestrichenen
  Wand **53**
Wasser
  auf gewachstem
    Holz **19**
  auf einem massiven
    Holzbuffet **20**

**Glanz zurückgeben und
  erstrahlen lassen**
Arbeitsplatte **34-35**
  aus Edelstahl **34**
  aus geöltem Holz **34**
  aus Fließen **34**
  aus Kunstharz **35**
  aus Zink **35**
Badewanne **45**
  aus Emaille **45**
  aus Keramik **45**
Boden **49, 51-52**
  Fliesen **52**
  Linoleum **49**
  versiegeltes Parkett **51**
Gartenmöbel **54**
Glas **21**
Holz **18, 19, 20**
  bemaltes Holz **20**
  gewachstes Holz
    18, 20
  lackiertes Holz **20**
  unbehandeltes Holz
    18
Kochplatte **36**
  Ceran **36**
  Gas **36**
  Induktion **36**
Lamellenstore **40**

Lattentrennwand **45**
Marmor **30**
Metalle **24-29**
  Chrom **24, 26**
  Edelstahl **24**
  Gold **24, 29**
  Kupfer **24**
  Silber **24, 27-28**
  Stahl **24, 26**
  Zinn **25**
Spülbecken **38**
  aus Edelstahl **38**
  aus Kunststoff **38**

Gründlich reinigen
Gasherd **36**
Holzmöbel **19-20**
  gestrichenes Holz **20**
  lackiertes Holz **19**
Schmiedeeisen **55**

**Kalk und Kesselstein
  entfernen**
Dusche **47**
Duschkopf **47**
Seitenwand **47**
Wandfliesen **47**
Glas **21, 39**
Glastisch **39**
Toiletten **48**
Wasserhähne **38**

**Kratzer und
  Schrammen
  beseitigen**
Arbeitsplatte **34**
Glas **22,39**

Glastisch **39**
Holzmöbel **19-20**
  lackiertes Holz **19**
  aus Nussbaum **20**
Kunststoff **30**
Linoleum **50**
Marmor **30**
Metalle **27-30**
  Chrom **27**
  Edelstahl **27**
  Gold **28**
Plexiglas **30**

Putzen und entstauben
Arbeitsplatte **34-35**
  aus Edelstahl **35**
  aus geöltem Holz **34**
  aus Kunstharz **35**
  aus Zink **34**
  beschichtet **34**
  gefliest **34**
Boden **49, 51-52**
  Fliesen **52**
  geöltes Parkett **51**
  versiegeltes Parkett **51**
  Linoleum **49**
Buchschnitt **41**
Dunstabzugshaube **37**
Kohlefilter **37**
Metallfilter **37**
Edelstein **29**
Gartenmöbel aus
  Kunststoff **54**
Glas **22**
  Scheiben **22**
  Wasserkrug
    (Weinkaraffe) **22**

Gusseisen **55**
Haarbürste und Kamm
  46
Holzterrasse
Kamin **39**
Scheibe des Einsatzes
  40
Kochplatte **36**
  Induktion **36**
  Cerankochfeld **36**
Kunststoff **29**
Lamellenstores **40**
Lattentrennwände **40**
Matratze **43**
Metalle **23-24, 26-28**
  Bronze **24**
  Chrom **24, 26**
  Edelstahl **24, 26**
  Gold **24, 28**
  Kupfer **23-24**
  Silber **24, 27**
  Stahl **24**
  Zinn **23**
Möbel aus
  gestrichenem Holz **20**
Plexiglas **29**
Siphon, Abfluss **39**
Spülbecken **37-38**
  aus Edelstahl **37**
  aus Kunstharz **37-38**
  aus Porzellan **37**
  aus Steinzeug **37**
Stoff der
  Lampenschirme
Stofftier **44**
Wände **52-54**

  gestrichene Wand
    53-54
  Tapete **52**
Zimmerpflanze **42**

Renovieren und in
  Etappen restaurieren
alte Badewanne **46-47**
Badewannenfuge
fehlendes Stück
  Marmor **31**
feuchtes Buch **41**
Holzparkett **50**
  gewachst **50**
  lackiert **50**
  unbehandelt **50**
kaputte Fliese **35**
Schramme auf einer
  Tapete **53**
Splitter in einem
  Keramikspülbecken
  37

Risse und Splitter
  auffüllen
Badewanne **46**
  aus Emaille **46**
  aus Keramik **46**
Holz **20**
Linoleum **49**
Marmor **31**
Holzparkett **50**
  unbehandelt **50**
  gewachst **50**
  lackiert **50**

Schützen vor
  Abnutzung
Gusseisen **55**
Linoleum **49**
Marmor **31**
Möbel aus Teakholz **54**
Arbeitsplatte aus
  geöltem Holz **34**
Arbeitsplatte aus
  Granit **36**
Kunststoff **29**
Plexiglas **29**
Bucheinband aus
  Leder **40**
vor Kalk
  Duschwand **47**
  Toiletten **48**
vor Oxidation
  Kupfer **28**
  Silber **28**
vor Rost
  Gusseisen **26**
vor Schimmelpilzen **47**
  Duschvorhang **47**
vor Wasser
  Edelstahl **27**
  Kunststoff **27**
  Plexiglas **27, 29**

Unangenehme Gerüche
  beseitigen
Rohre **38**
Teppichboden **50**
Schimmel **41, 44**
  auf einem Buch **41**

▸ **Danksagung**

Vielen Dank an Isabelle und Françoise F. für ihr wertvolles Korrekturlesen und an Paul für seine Unterstützung.

Danke an Ludo und Léo.

▸ **Bildnachweise**

fotolia/airdone ; fotolia/asmakar ; fotolia/canicula ; fotolia/glorcza ; fotolia/hypnocreative ; fotolia/kamenuka ; fotolia/kharlamova_lv ; fotolia/la_puma ; fotolia/lenaalyonushka ; fotolia/lynea ; fotolia/macrovector ; fotolia/milavas ; fotolia/Neyro ; fotolia/nikiteev ; fotolia/pim ; fotolia/raven ; fotolia/tsaplia ; fotolia/victoria_novak ; Sylvain Kaslin.

Die französische Originalausgabe erschien unter dem Titel Entretenir, rénover et protéger meubles et objets
© 2015 Éditions Massin – Société d'Information et de Créations, www.massin.fr
Direktor der Edition: Thierry Lamarre
Edition: Adeline Lobut
Texte: Isabelle Louet
Korrektorat: Isabelle Misery
Lektorat: Either Studio (Laurie Montaz)
Konzeption, Grafik und Satz: Either Studio

Deutsche Ausgabe
Produktmanagement: Mariel Marohn, Lara Schaufler
Übersetzung: Andrea Wurth, Neuried
Lektorat: Mariel Marohn, Melissa Brosig, Bonn
Satz: Susanne Dornes, Stuttgart
Druck und Bindung: GPS Group GmbH, Österreich

© 2016 frechverlag GmbH, Turbinenstr. 7, 70499 Stuttgart

ISBN 978-3-7724-7645-7
Best.-Nr. 7645